Schaper, Marie-Monique

Entre dos aguas
Konzept und Gestaltung einer Online Community
für in Deutschland lebende Spanier

I0091035

IGEL Verlag

Schaper, Marie-Monique

Entre dos aguas
Konzept und Gestaltung einer Online Community
für in Deutschland lebende Spanier

1. Auflage 2009 | ISBN: 978-3-86815-279-1

© IGEL Verlag GmbH , 2009. Alle Rechte vorbehalten.

Die Deutsche Nationalbibliothek verzeichnet diesen Titel in der Deutschen Nationalbib-
liografie. Bibliografische Daten sind unter http://dnb.d-nb.de verfügbar.

IGEL Verlag

entre dos aguas

**Konzeption und Gestaltung
einer Online-Community für in Deutschland lebende Spanier**

Marie-Monique Schaper

Inhaltsverzeichnis

Abbildungsverzeichnis

Layout der Website »entre dos aguas«

Einleitung

Marta, Deutsch-Spanierin zweiter Generation, wurde 1983 in Deutschland geboren. Anfang der 1970iger Jahre kamen ihre Eltern als Gastarbeiter nach Deutschland. Besonders ihre Mutter ist sehr aktiv im »Centro español«, einem spanischen Verein in München – der heutigen Heimatstadt der Familie. Marta hat kein Interesse an den Veranstaltungen des Vereins, da sich das Durchschnittsalter der dortigen Mitglieder um die 45 Jahre bewegt. Kontakte mit Gleichgesinnten, hat Marta vorwiegend im Internet gefunden. In verschiedenen Foren für »hispanohablantes« wie z. B. »deutsch-hispanisch.de«, Gruppen im Studiverzeichnis wie »españoles en studivz« oder »españoles en Alemania« der Internet-Community »facebook«, tauscht sie sich über aktuelle Themen und über das Heimatland ihrer Familie aus.

Marta gehört der Ethno-Zielgruppe an, die ich mit meiner Publikation unter dem Titel »entre dos aguas – Konzeption und Gestaltung einer Online-Community für in Deutschland lebende Spanier« ansprechen möchte. Der Name der Community »entre dos aguas« (dt. Redewendung: zwischen zwei Stühlen) greift die Situation der spanischen Migranten auf, welche in Deutschland zwischen zwei Kulturkreisen leben.

Anstoß für die Wahl dieses Themas gab mein zweisemestriges Auslandsstudium an der »Universidad Complutense de Madrid« in Spanien im akademischen Jahr 2006/07. Dieser Aufenthalt ermöglichte mir Blicke in die spanische Kultur zu erlangen, welche ich in diese Arbeit mit einbringen werde.

Meine Publikation ist wie folgt aufgebaut: Im ersten Kapitel gehe ich näher auf die Gründe und Umstände ein, warum spanische Migranten in der Vergangenheit nach Deutschland kamen und schildere ihre heutigen Gründe für eine Migration. Dabei interessiert mich besonders die Integration der genannten Zielgruppe, abhängig von Generationen, in die deutsche Gesellschaft.

Auf welchen Ebenen sich Kultur allgemein entwickelt und wie man dies auf die spanische Kultur übertragen kann, erläutere ich im zweiten Kapitel dieser Arbeit. Zudem gehe ich auf die kulturellen Unterschiede innerhalb Spaniens ein. Wichtig ist mir ebenfalls zu zeigen, wo heute der kulturelle Austausch der spanischen Migranten in Deutschland stattfindet.

Den Begriff »Ethnomarketing« sowie seine Übertragbarkeit auf spanische Migranten kläre ich im dritten Kapitel. Außerdem stelle ich an dieser Stelle das Zielgruppenmodell »kulturelle Dimensionen« des Sozialpsychologen Geert

Hofstede vor und nehme Bezug zur Anwendbarkeit dieser Studie auf den Bereich Webdesign und die Konzeption von Websites für Deutschland und Spanien. Die umfassende Studie, die der Niederländer in 53 verschiedenen Ländern durchführte, schaffte u. a. die Forschungsgrundlage für die Unterscheidung zwischen »kulturellen Dimensionen« und wird in vielen wissenschaftlichen Arbeiten als Basisliteratur aufgeführt.

Um die von mir gewählte Zielgruppe bestimmen zu können, habe ich im vierten Kapitel eine Marktanalyse erarbeitet, in der ich bestehende Online-Communities thematisiere. Die Durchführung einer eigenen Online-Umfrage gab mir zudem Aufschluss über Wertevorstellungen, Wahrnehmung, kulturelle Praktiken und Konsumverhalten der spanischen Migranten.

Die letzten beiden Kapitel dokumentieren die Konzeption und Gestaltung der Online-Community »entre dos aguas« unter Einbeziehung des angestrebten Corporate Identities und des Corporate Designs.

1. Spanier in Deutschland

Spanien hat eine lange Auswandertradition. Die Migration nach Deutschland begann jedoch erst mit der staatlichen Anwerbung von Arbeitskräften der BRD in den 1960iger Jahren. Neben den »Gastarbeitern« kamen auch politisch Verfolgte der Franko-Diktatur. Bis zu Anwerbestopp 1973 stieg die Zuwanderung der Spanier ständig an. Zusätzlich wirkte sich der Tod Francos und die damit einhergehende Demokratisierung Spaniens rückläufig auf die Abwanderung nach Deutschland aus und ließ auch viele wieder in ihre alte Heimat zurückkehren.

Diese Tendenz setzt sich bis heute fort; die Anzahl der spanischen Migranten ist fallend. Dennoch sind einige Spanier in Deutschland geblieben und haben sich in Deutschland mit ihrer Familie etabliert. Heute ist ebenfalls eine Migration von Spaniern nach Deutschland zu beobachten. Diese erfolgt jedoch aus anderen Gründen als damals.

Welche Faktoren führten im Detail zu einer Migration nach Deutschland? Wie erfolgte die Integration der spanischen Migranten in die deutsche Gesellschaft? Wie ist die heutige Situation der in Deutschland lebenden Spanier zu betrachten?

1.1 Migration nach Deutschland

Die arbeitsbedingte Auswanderung der Spanier begann zwar hauptsächlich erst in den 1960iger Jahren, jedoch hatte es während des Zweiten Weltkrieges erste entsprechende Tendenzen gegeben. Schon 1941 schlossen Franco und Hitler einen Vertrag über die Anwerbung von 100.000 Arbeitern. Diese sollten in der deutschen Kriegsindustrie arbeiten, was sich jedoch als Fehlschlag herausstellte, da letztendlich lediglich 8.000 Arbeiter migrierten. Grund hierfür war einerseits die politische Abwendung Spaniens von Hitler. Des Weiteren wurden die spanischen Arbeiter in Deutschland wie Zwangsarbeiter behandelt. Das Wirtschaftswunder der Nachkriegszeit war unter dem geschlossenen und nationalistischen Wirtschaftssystem Francos ausgeblieben. Mitte der 1950iger Jahre arbeitete die Hälfte der spanischen Bevölkerung in der Landwirtschaft. Ab 1959 kam es zu einer außenpolitischen Öffnung Spaniens, welche die Nation an die reiche, europäische Wirtschaft heranführen sollte. Die Folge war jedoch eine Verarmung der Bevölkerung, die sich besonders auf dem Land bemerkbar machte. Dies führte zu einer Auswanderung von über zwei

Millionen Spaniern in andere europäische Länder. Anfänglich konzentrierte sich die Abwanderung vor allem auf Frankreich, Belgien und die Schweiz. Mit der erneuten deutschen Anwerbung ab 1960 wurde auch Deutschland ein wichtiges Ziel. Von da an ging jeder vierte spanische Auswanderer nach Deutschland (vgl. Munoz Sanchez).

Die Anzahl der Spanier in Deutschland wuchs von etwa 400 im Jahr 1954 auf fast 183.000 in 1965. Der Anteil der spanischen Migranten erreichte Anfang der 1970iger Jahre mit über 270.000 ihren Höchststand (vgl. Kreienbrink). Die Gründe für die Arbeiterwanderung waren vorwiegend die hohe Arbeitslosigkeit und die geringen Löhne in Andalusien und Galizien. Zudem trieb die Unzufriedenheit gegenüber dem diktatorischen Regime unter Franco viele Spanier nach Deutschland. Viele Migranten begründeten ihre Migration aber auch mit der Hoffnung auf eine bessere Ausbildung ihrer Kinder (vgl. 1.2.1). Von deutscher Seite war geplant, dass die angeworbenen Arbeitskräfte nach Ablauf der Verträge, die ursprünglich auf ein oder zwei Jahre befristet waren, wieder zurückkehren würden. Viele Spanier wollten dies auch tatsächlich. Nach dem Anwerbestopp Ende 1973 war nur noch die Familienzusammenführung als Zuwanderungsform möglich, die jedoch durch die deutschen Behörden erschwert wurde. Die sinkende Zahl der Spanier in Deutschland hing weiterhin mit der politischen Entwicklungen des Heimatlandes zusammen. Ende 1975 starb Franco und machte den Weg frei für eine Demokratisierung Spaniens. Die Bundesregierung förderte die Re-Migration der Spanier finanziell, jedoch ohne ihnen die Möglichkeit zu geben wieder nach Deutschland zurück zu kommen. Viele spanische Familien machten von diesem Angebot Gebrauch. Andere entschieden sich länger zu bleiben, da die Verhältnisse im Heimatland nicht ihren Erwartungen entsprachen. Die wirtschaftliche Situation Spaniens, sowie das Gefühl in der Heimat fremd zu sein, führten dazu, dass sie sich auf Dauer in Deutschland einrichteten. Mit dem Beitritt Spaniens 1986 zur EG verbesserten sich die Einreisemöglichkeiten wieder. Weitere Erleichterungen ergaben sich durch die Niederlassungsfreiheit innerhalb der EU seit 1993. Für die zweite und dritte Generation, die in Deutschland geboren wurde und der zum größten Teil eine ausreichende Kenntnis der Muttersprache fehlte, war eine Re-Migration nach Spanien keine Option mehr (vgl. Kreienbrink).

Das Interesse der Spanier an Deutschland und seiner Kultur besteht weiterhin. Immer mehr Spaniern ermöglichen ihren Kindern den Besuch einer der neun deutschen Privatschulen in Spanien, in denen die Schüler das deutsche

Abitur ablegen. Ein Grund dafür ist, dass Deutschland nach Frankreich der zweitgrößte Handelspartner Spaniens ist und auch bei den industriellen Direktinvestitionen nimmt die Bundesrepublik eine führende Position ein. Dadurch sind in Spanien über 1.100 deutsche Unternehmen mit Tochterfirmen oder Beteiligung vertreten. Zudem ist der Tourismus mit jährlich zehn Millionen deutschen Besuchern (16 Prozent aller Touristen) ein wichtiger Wirtschaftszweig in Spanien (laut der Statistik des Auswärtigen Amts von Mai 2008).

Aus beruflichen Gründen und zur Verbesserung der deutschen Sprachkenntnisse verbringen 7,1 % der Spanier ein bis vier Jahre in Deutschland (laut der Statistik von Isoplan vom 31.12.2005).

Deutschland liegt bei den spanischen Studierenden bezüglich der Wahl eines Auslandsaufenthaltes im Rahmen der europäischen Förderprogramme wie Erasmus und Leonardo-Da-Vinci an dritter Stelle. Neben attraktiven Studienplätzen bietet Deutschland ein ausgebautes Praktikantenwesen zur Berufsvorbereitung (vgl. Auswärtigen Amt). Regionale Vorlieben gibt es für die Bundesländer Baden-Württemberg, Bayern, Hessen, Niedersachsen und Nordrhein-Westfahlen. Die durchschnittliche Aufenthaltsdauer (vgl. Abb. 01) der Spanier in Deutschland ist mit mehr als 22 Jahren von allen Migrantengruppen am höchsten. Etwa 61 Prozent der Spanier leben sogar länger als 25 Jahre in Deutschland und dementsprechend hoch ist der Anteil der über 45jährigen (40 Prozent). Der Anteil der jüngeren Generation (vgl. Abb. 02),

Abb. 01
Aufenthaltsdauer in Jahre
Quelle: Statistik Isoplan vom 31.12.2005

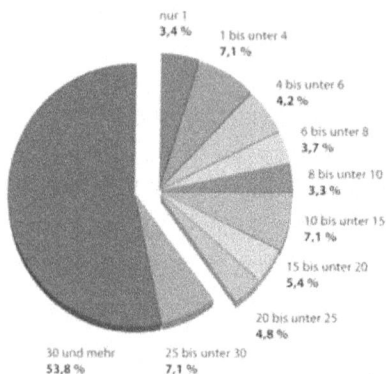

Abb. 02
Altersstruktur | Quelle: (ebd.)

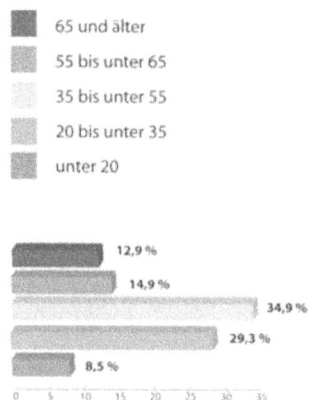

nur 1
3,4 %
1 bis unter 4
7,1 %
4 bis unter 6
4,2 %
6 bis unter 8
3,7 %
8 bis unter 10
3,3 %
10 bis unter 15
7,1 %
15 bis unter 20
5,4 %
20 bis unter 25
4,8 %
30 und mehr
53,8 %
25 bis unter 30
7,1 %

65 und älter
55 bis unter 65
35 bis unter 55
20 bis unter 35
unter 20

12,9 %
14,9 %
34,9 %
29,3 %
8,5 %

0 5 10 15 20 25 30 35

das bedeutet der 20 bis 35jährigen, liegt bei 29,3 Prozent (Statistik von Isoplan von 31.12.2005).

1.2 Integration der spanischen Migranten in die BRD

Kurz gesagt: Spanier fallen nicht auf! Hier unterscheidet sich ihre Situation erheblich von der anderer Einwanderungsgruppen. Sie sind nicht besonders anders als die deutsche Bevölkerung: Das betrifft u.a. Sprache, Religion, Erziehungstile, Norm- und Wertmaßstäbe und den gesamten Komplex von Einstellungen und Verhalten im alltäglichen Miteinander (vgl. Eßler). Diese ähneln überwiegend denen der deutschen Bevölkerung. Zudem profitieren Spanier davon, dass ihre Herkunftssprache wie auch das Deutsche, im Gegensatz beispielsweise zum Türkischen, der indoeuropäischen Sprachfamilie angehört. Das bedeutet es gibt »weitreichende Übereinstimmungen beim Wortschatz, in der Flexion, in grammatischen Kategorien wie Numerus, Genus und im Ablaut« (vgl. Wikipedia). Auch das Aussehen lässt Spanier, im Gegensatz zu den meisten Einwanderern aus dem östlichen Mittelmeerraum oder aus Afrika und Asien, in Deutschland kaum als Fremde erscheinen.

Gemäß Paul Eßler zeichnen sich spanische Migranten auf dem deutschen Arbeitsmarkt durch eine sehr geringe Arbeitslosenquote aus. Der Anteil an ungelernten Kräften nimmt kontinuierlich ab, qualifizierte Ausbildungen, vor allem in der zweiten Generation, nehmen zu.

Wie gelang den Spaniern eine so starke Integration in die deutsche Gesellschaft?

1.2.1 Bildungsmöglichkeiten der zweiten Generation

Den spanischen Einwandern war es besonders wichtig ihren Kindern in Deutschland bessere Bildungsmöglichkeiten als in der Heimat zu bieten, da sie häufig aus ländlichen Regionen mit schlechter schulischer Versorgung stammten. Diese Hoffnung erfüllte sich jedoch aufgrund unzureichender Vorbereitung seitens der deutschen und spanischen Regierung anfänglich nicht. Die Einrichtung von muttersprachlichem Unterricht in Deutschland, für die spanischen Migranten, war unumgänglich. Diese Art von Unterricht leistete jedoch keinen Beitrag dazu die jungen Spanier mit der deutschen Kultur und Sprache vertraut zu machen. Viele Kinder verließen die speziell für sie eingerichteten Schulen ohne Abschluss und hatten entsprechend schlechte Chancen im Berufsleben. Teilweise wurden spanische Kinder sogar wieder ins Heimatland geschickt, um die dortige Schule zu absolvieren und zur »richtigen« Sozialisation.

Heute hat sich die Situation erheblich verbessert. 1973 wurde der »Bund Spanischer Elternvereine in der Bundesrepublik Deutschland« gegründet. Die Elternvereine trieben die Eingliederung der spanischen Kinder ins deutsche Schulsystem voran. Sie setzten sich dafür ein, dass die Vorbereitungsklassen abgeschafft und die Kinder in deutschen Kindergärten untergebracht wurden. Ergänzend fanden Unterrichtseinheiten statt, die ihnen Kenntnisse über die spanische Sprache und Kultur vermittelten. Dieses System erwies sich als sehr erfolgreich.

Allmählich war eine Verbesserung der schulischen Leistungen der spanischen Kinder im Vergleich zu anders stämmigen Migranten erkennbar. Ihre Leistungen steigerten sich, bis sie dem Standard der deutschen Mitschüler entsprach und teilweise sogar übertraf (vgl. Munoz Sanchez).

Der Anteil der spanischen Jugendlichen, die weiterführende Schulen besuchen, ist seitdem gestiegen, ebenso der Anteil derjeniger, die an den deutschen Universitäten studieren.

Insgesamt besuchen sogar 1,3 Prozent (gemessen an der Gesamtanzahl) der in Deutschland lebenden Spanier eine Hochschule. Verglichen mit der Studierendenquote der deutschen Bevölkerung (2,1 Prozent) besteht zwar noch Nachholbedarf, trotzdem stellen die Spanier unter allen Nationalitäten den größten Teil der so genannten Bildunginländer. Entsprechend häufiger erreichen sie qualifizierte Berufe als früher (Bierbach und Birken-Silverman zitiert nach Statistisches Bundesamt Stand 2002). Folglich haben Kinder spanischer Migranten den höchsten Bildungserfolg innerhalb aller ethnischen Gruppen in der Bundesrepublik Deutschland.

Heute nimmt das Interesse am muttersprachlichen Unterricht ab, da der Gedanke an eine Rückkehr nach Spanien immer weiter in die Ferne rückt oder sogar für viele schon ausgeschlossen ist.

1.3 Zusammenfassung

Der soziale Erfolg der in Deutschland lebenden Spanier sowie deren demographischer Wandel im Bezug auf die Altersstrukturen resultiert aus ihrer spezifischen Migrationsgeschichte sowie ihrer ausgeprägten soziokulturellen Orientierung. Nach der Rückkehrwelle nach Spanien in den 1970iger Jahren blieben vorwiegend integrations- und aufstiegsorientierte Personen zurück.

Gleichzeitig hatten die spanischen Migranten jedoch, aufgrund ihrer hohen Partizipation in selbst geschaffenen und bestehenden Organisationen wie z. B. den »Bund Spanischer Elternvereine in der Bundesrepublik Deutschland«, Grundlagen für einen Verbleib in Deutschland geschaffen.

Die spanischen Migranten der zweiten Generation zeichnen sich durch ihr hohes Bildungsniveau und ihre gute Integration in die deutsche Gesellschaft aus. Jedoch bedeutet die Integration auch einen »Niedergang« der spanischen Muttersprache und eine geringere Praktizierung der spanischen Kultur als im Heimatland.

2. Die spanische Kultur

Kultur (von lat. cultura = Pflege des Körpers und Geistes) bezeichnet im weitesten Sinne alles, »was der Mensch geschaffen hat, was also nicht naturgegeben ist«. Diese Definition bezieht sich auf »Handlungsbereiche, in denen der Mensch auf Dauer angelegte und den kollektiven Sinnzusammenhang gestaltende Produkte, Produktionsformen, Lebensstile, Verhaltensweisen und Leitvorstellungen hervorzubringen vermag«. (Brockhaus, S.580).

Der Begriff Kultur schließt alle Bereiche der menschlichen Bildung sowie geistige Aktivitäten im Umfeld von Literatur, Kunst und Musik, von Philosophie, Theologie und Wissenschaft ein (vgl. Weiß, S.1926).

Wie entwickelt sich Kultur? Was macht die spanische Kultur heute aus? Wie wird sie außerhalb Spaniens ausgeübt?

2.1 Zwiebeldiagramm von Geert Hofstede

Der niederländische Sozialwissenschaftler Geert Hofstede unterscheidet in seinen Studien, im Bezug auf kulturelle Differenzen, zwischen verschiedene Ebenen, auf denen sich »Kultur« entwickelt. So teilt er kulturelle Unterschiede in die Kategorien Symbole, Helden, Rituale und Werte ein. Geert Hofstede vergleicht die vier Kategorien mit den Schichten einer Zwiebel (vgl. Abb. 03). Die äußerste Schicht unterliegt schnellen Veränderungen, ist aber gleichzeitig leicht zugänglich. Das Innerste der Zwiebel – die Werte – ist jedoch unerreichbar und ändern sich selten. Nur die kulturellen Praktiken werden in

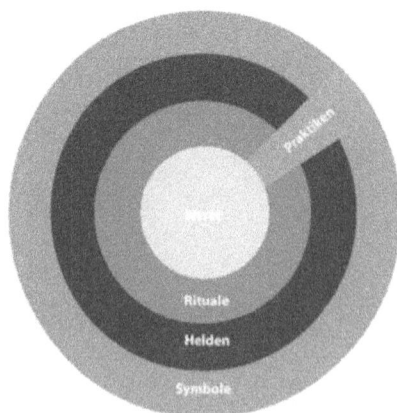

Abb. 03
Das »Zwiebeldiagramm«
Quelle: Hofstede 1993, S.22

allen vier Schichten ausgeübt. Hofstede vermutet, dass das Wertesystem in der Jugend geprägt wird und sich bereits nach zehn Jahren vollständig gefestigt hat (Hofstede 1993, S.22ff).

2.1.1 Symbole

Unter Symbolen versteht man kulturspezifische Gegenstände – Bilder, Wörter oder Gesten – die bestimmte Assoziationen hervorrufen. Dazu gehören sprachliche Symbole wie Wörter, idiomatische Wendungen und Sprechakte: Die Frage »Wie geht's?« hat in Deutschland eine andere Bedeutung als in Spanien. Dort gilt sie als einfache Begrüßung und bedarf keiner ausführlichen Antwort. Auch der Ausspruch im Deutschen »Das kommt mir spanisch vor« weckt in der spanischen Übersetzung »Esto me suena a chino« (Dies erscheint mir chinesisch) andere Bilder.

Kulturspezifische Assoziationen werden auch durch Modesymbole wie Markennamen, bestimmte Farben, Frisuren, Flaggen, Monumenten und Statussymbolen hervorgerufen (vgl. Kapitel 4.4 Umfrage).

2.1.2 Helden

Helden sind Personen, die von einer ethnischen Gruppe als wichtig und bedeutsam angesehen werden. Das können lebende, bereits verstorbene oder auch erfundene Charaktere aus der Politik, Literatur, Sport, Musik oder Film sein. Seit der letzten Fußball-Europameisterschaft, aus der Spanien als Sieger hervorging, hat die spanische Nationalmannschaft beispielsweise diese Funktion übernommen. Das gleiche gilt für die bekannte spanische Schauspielerin Penelope Cruz, die u. a. für kosmetische Produkte der Marke L'Oreal wirbt.

2.1.3 Rituale

Rituale bezeichnen einheitliche Verhaltensmuster und sprachliche Mittel, die mit gewissen Situationen verbunden sind, wie beispielsweise Begrüßungen, die nach einem bestimmten Schema ablaufen oder auch den Akt der Zustimmung und Ablehnung von etwas. So begrüßen sich Männer in Spanien vorwiegend mit einem Handschlag, wohingegen die Begrüßung unter Frauen, aber auch zwischen Frauen und Männern, mit einer Umarmung und Küsschen auf der Wange von statten geht.

2.1.4 Werte

Werte bilden gemäß Hofstede die Lebensorientierung einer Gruppe. Werte be-einflussen die Festlegung von Prioritäten, das bedeutet Zuständen, die man allen anderen möglichen Zuständen vorzieht.

Insgesamt nimmt jeder Mensch seine Umwelt anders wahr. Dabei zeigen sich jedoch Ähnlichkeiten bei der Wahrnehmung der Personen eines Kultur-kreises (vgl. Kapitel 4.4 Umfrage).

2.2 Kulturelle Unterschiede innerhalb Spaniens

Äußerlich betrachtet erscheint es innerhalb Spaniens keine kulturellen Unterschiede zu geben. Tatsächlich wurde Spanien jedoch gerade durch diese Unterschiede geprägt. Der Staat selbst besteht aus zwei autonomen Städten Ceuta und Melilla sowie 17 unabhängigen Kommunen, von denen jede ihre eigenen Verwaltungsorgane besitzt (vgl. Abb. 04). Die Einwohner von Katalonien, des Baskenlandes, Valencia, den Balearen und Galizien haben ihre eigenen Sprachen, die teilweise nicht mehr viel mit der spanischen Amtssprache gemein haben. Einige Bürger dieser autonomen Kommunen

Abb. 04
Spanienkarte I Quelle: Wikimedia

16

zeigen einen ausgeprägten Nationalstolz wie beispielsweise das Baskenland; häufig identifizieren sie sich stärker mit ihrer Kommune oder ihrer Region als mit Spanien und seiner in Madrid zentralisierten Regierung (vgl. Brenes García, S.12ff).

2.3 Die kulturelle Praxis der spanischen Migranten in Deutschland

Der Begriff Kultur kann weiterhin in folgende Bereiche unterteilt werden:

- Die »inszenierte und vermittelte Kultur« (Kultur I) bezieht sich auf eine intellektuelle Auseinandersetzung einer ethnischen Gruppe wie sie beispielsweise in Literatur, Museen, Oper oder dem Theater statt findet.

- Die »Alltagskultur« (Kultur II) ist die »Mentalität«, die von der ethnischen Gruppe gelebt wird (vgl. Dirscherl, S. 288).

Gemäß Klaus Dirscherl findet die kulturelle Praxis der spanischen Migranten in Deutschland hinsichtlich der Unterscheidung zwischen Kultur I und Kultur II heute vorwiegend in Bereich Kultur I statt. Mit den Jahren unterlagen die spanischen Migranten einer zunehmenden »Germanisierung«, die sich zunächst nur auf den Arbeitsplatz beschränkte. Um in Deutschland beruflich erfolgreich sein zu können, mussten die spanischen Migranten deutsche Werte und Verhaltensweisen übernehmen. Wobei diese besonders in den 1960iger bis 1980iger Jahren weiterhin darauf bedacht waren die eigene spanische Identität außerhalb des Arbeitsplatzes zu sichern. Die kulturelle Praxis fand sowohl zuhause, als auch in den spanischen Vereinen statt, die besonders in Großstädten zu jener Zeit gegründet wurden. Es gelang den spanischen Arbeitnehmern sich ohne erhebliche Probleme den deutschen Arbeitsnormen anzupassen, wofür sie von ihren Arbeitgebern sehr geschätzt wurden. Doch mit der Zeit veränderten sich die Projektionen und Wünsche der spanischen Migranten (vgl. Dirscherl, S.288). Besonders Spanier zweiter und dritter Generation sind von einer zunehmenden »Germanisierung« betroffen, u. a. da viele gemischtnationale Ehen eingehen, die überwiegend mit deutschen Partnern (79,9 Prozent) geschlossen werden. Auch liegt der Anteil von Kindern aus deutsch-spanischen Ehen höher als aus rein spanischen Familien in Deutschland (Bierbach und Gosen zitiert nach Statistischen Bundesamt | Stand 2002).

2.4 Fazit

Kultur allgemein wie auch die spanische Kultur entwickelt sich auf den Ebenen der Symbolik, der Definition von Helden, praktizierter Ritualen und einem festgelegten Wertesystem, letzteres wird im Kindesalter gebildet. Die Werte sind wahrscheinlich das, was den Teil der spanischen Identität der Migranten vorwiegend formt. Migranten erster Generation, die ihre Kindheit in der Heimat verbracht haben, identifizieren sich hauptsächlich mit einem spanisch geprägten Wertesystem. Diese Identifikation lässt bei Spaniern der zweiten und dritten Generation, u. a. durch den Kontakt mit deutschen Kindern, nach. Veränderungen finden zudem mit zunehmender Integration in die deutsche Gesellschaft in den Bereichen der Wahrnehmung von Symbolik, Helden und der Praktizierung von Ritualen statt, wodurch sich diese den Wertesystemen der deutschen Mehrheit angleichen.

Wie sich zeigt wird die »inszenierte und vermittelte Kultur« Spaniens heute beispielsweise durch die Kulturarbeit der spanischen Vereine in Deutschland aufrechterhalten, die durch Theateraufführungen, Laienchöre oder Volkstänze die spanische Identität zu vermitteln versuchen.

Dennoch besteht ein innerer Konflikt der spanischen Migranten. Die Identifikation mit zwei Heimatländern hat zur Folge, dass sie einen Teil ihrer spanischen Identität in Deutschland nicht ausleben, weil sie sich dadurch eine vollständige Akzeptanz innerhalb der deutschen Gesellschaft erhoffen. Gleichzeitig fühlen sie sich in Spanien fremd, da ihre Identität stark vom Leben in Deutschland geprägt wurde.

Sitzen sie somit zwischen zwei Stühlen – zwischen zwei Kulturen – weil sie sich als Spanier fühlen, doch Deutschland als ihre Heimat ansehen? Wodurch unterscheiden sich in Deutschland lebende Spanier von der Mehrheit der deutschen Bevölkerung und wie äußeren sich diese Unterschiede? Sind Spanier in Deutschland als ethnische Minderheit interessant für gezielte Marketing Strategien?

3. Ethnomarketing

In Einwanderungsländern wie den USA ist Ethnomarketing schon seit ca. 1970 eine verbreitete Strategie in der Werbung. In Deutschland wurden zwar gerne kulturelle Klischees in der Werbung eingesetzt, um die Eigenschaften eines Produkts mit ausländischer Herkunft zu unterstreichen. Kulturelle Unterschiede in Wertevorstellungen und Lebensgewohnheiten von ethnischen Minderheiten wurden bei diesen Kampagnen jedoch nicht berücksichtigt. So warb die Tiefkühlkost-Marke Frosta Anfang der 1990iger Jahre für ihre Paella mit »waschechten« Spaniern, die Peter von Frosta Tipps zur Zubereitung dieses spanischen Nationalgerichts gaben.

Sehr bekannt ist ebenfalls der Werbespot des Handgeschirrspülmittels Fairy Ultra, dessen Szenerie die beiden fiktiven spanischen Dörfer Villarriba und Villabajo sind. In diesem Werbespot, der 1992 von der Düsseldorfer Werbeagentur Grey kreiert wurde, schrubben die Bewohner der beiden Dörfer nach einem Fest ihre Paellapfannen um die Wette. Doch »während sich die Bewohner von Villabajo mit der Entfernung der Fettrückstände sehr schwer taten, waren die Bewohner von Villarriba schon nach kurzer Zeit mit ihrer Arbeit fertig und konnten wieder feiern« (vgl. Wikipedia). Dieser Werbespot wurde in Jahre 2003 bei der Wiedereinführung der Marke erneut aufgegriffen. »Dieses Mal spionierten die Bewohner von Villabajo das Nachbardorf aus, um hinter das Geheimnis der sauberen Paellapfanne zu kommen« (Wikipedia).

Erst Mitte der 1990iger Jahre entdeckte die Automobilbranche ethnische Minderheiten wie die Türken als Zielgruppe. Einige Jahre später bieten neue Telefonanbieter wie Ay Yildiz, eine Tochtermarke des Mobilfunkanbieters E-Plus, spezielle Angebote für in Deutschland lebende Türken an. Nicht nur die Marke ist türkisch, sondern auch die Werbung in Deutschland wird in der türkischen Sprache kommuniziert. Immer mehr Kampagnen für Ausländer werden in Deutschland entwickelt und tatsächlich nur hierzulande gezeigt (vgl. Schmidt-Fink).

Warum ist zielgruppenorientiertes Marketing wichtig? Gibt es Studien, die kulturelle Unterschiede untersuchen? Wie können diese auf den Bereich Webdesign übertragen werden?

3.1.1 Vermeidung von »Fettnäpfchen«

Wie wichtig die Anwendung von Ethnomarketing bei Kampagnen ist, um Fettnäpfchen bei der jeweiligen Ethno-Zielgrupppe zu vermeiden, zeigen folgende Beispiele:

Im Jahre 2006 warb der Autohersteller Volkswagen in Miami, Los Angeles und New York mit einem Plakat für den neuen Golf GTI »Turbo-Cojones« (vgl. Abb. 05). Im Englischen steht dies für Mut und Kühnheit. Leider wurde in diesen Werbemaßnahmen die hispano-amerikanische Bevölkerung nicht berücksichtigt. Im Spanischen steht der Ausdruck ebenfalls für »Courage« (Mut), wörtlich übersetzt bedeutet er jedoch »Hoden«, was den neuen Volkswagen für diese Bevölkerungsgruppe zu einem »Turbo-Hoden« machte. Die Kampagne wurde von den Hispano-Amerikanern stark kritisiert. Natürlich war der Fauxpas dem Großkonzern sehr unangenehm und die Plakate verschwanden innerhalb weniger Tage wieder. Diese verfehlte Werbemaßnahme war keine Ausnahme. Schon einige Jahre zuvor bewarb der Konzern Mitsubishi den Geländewagen »Pajero« international. In Spanien bot man dem Autokäufer demnach ungewollt einen »Wichser« an (vgl. Schmidt-Fink).

Einen ersten Schritt im Bezug auf die Erfassung kultureller Unterschiede machte die Studie »Kulturelle Dimensionen« von Geert Hofstede, der das Verhalten von Zielgruppen unterschiedlicher Kulturkreise untersuchte.

Abb. 05
Werbung GTI 2006 | Turbo-Cojones
Quelle: http://www.hispanicmpr.com

3.2 Studie »Kulturelle Dimension« von Geert Hofstede

Geert Hofstede, der als Psychologe für den Konzern IBM beschäftigt war, sammelte 1967 bis 1973 Daten von über 100. 000 IBM Angestellten aus 40 verschiedenen Ländern, um deren Unterschiede hinsichtlich der Wertevorstellungen und des Verhaltens zu untersuchen. Ein Jahrzehnt später, zwischen 1978 und 1983, verfeinerte und erweitere er seine Studie auf 53 Länder. Er untersuchte das Verhalten der unterschiedlichen Kulturkreise unter folgenden fünf Gesichtspunkten:

a) *Machtunterschiede* (Power Distance Index – PDI): Der PDI bezieht sich darauf wie Personen mit einer geringen Machtbefugnis eine ungleiche Verteilung von Macht innerhalb einer Gruppe oder Gesellschaft akzeptieren und erwarten. Ein hoher Machtdistanz-Index gibt an, dass eine ungleiche Machtverteilung akzeptiert wird, wohingegen eine geringe Machtdistanz auf eine weniger hohe Akzeptanz von ungleicher Machtverteilung schließen lässt (vgl. Hofstede 1993, S.37ff).

b) *Individualismus und Kollektivismus* (IDV) zeigt die Bevorzugung der eigenen Person im Bezug auf individuelle Freiheiten und Selbstverwirklichung gegenüber dem Einklang mit der Familie sowie der Gemeinschaft (vgl. Hofstede 1993, S. 66ff).

c) *Maskuline und feminine Werte* (MAS) bezeichnen den Unterschied zwischen Gesellschaften, die die reine Leistung und Effizienz bevorzugen im Gegensatz zu den Gesellschaften, die die Qualität des Lebens und der Beziehung vorziehen. Als feminine Werte nennt Hofstede Fürsorglichkeit, Kooperation und Bescheidenheit. Maskuline Werte seien hingegen Konkurrenzbereitschaft und Selbstbewusstsein (vgl. Hofstede 1993, S.97ff).

d) *Risikobereitschaft und Vermeidung von Unsicherheit*
(Uncertainty Avoidance Index – UAI). Kulturen, die Unsicherheit vermeiden wollen, zeichnen sich durch viele Gesetze, Richtlinien und Sicherheitsmaßnahmen aus, um unvorhergesehene Situationen und Risiken zu unterbinden. Die Mitglieder sind häufig emotionaler und legen größeren Wert auf Pünktlichkeit, Formalität, Sicherheit des Arbeitsplatzes und Rentenvorteile. Kulturen, die Unsicherheit akzeptieren, sind tolerant und haben weniger Regeln.

Ihre Mitglieder sind teilnahmslos und erwarten von ihrer Umwelt nicht, dass sie Gefühle zeigt (vgl. Hofstede 1993, S.129ff).

e) Eine *lang- oder kurzfristige Ausrichtung* (Long-Term Orientation - LTO) eines Kulturkreises verdeutlicht, wie groß der zeitliche Planungshorizont in einer Gesellschaft ist: In manchen Kulturen zählen allein der Augenblick und die aktuelle Leistung. Werte von Mitgliedern einer Organisation, die kurzfristig ausgerichtet sind, zeichnen sich durch Flexibilität und Egoismus aus. In anderen Kulturen sind eher die Nachhaltigkeit und der langfristige Ertrag von Handlungen und Beziehungen wichtig. Werte wie Sparsamkeit und Beharrlichkeit sind typisch für Mitglieder einer Organisation, die langfristig ausgerichtet sind (vgl. Hofstede 1993, S.183ff).

3.2.1 Unterschiede und Parallelen bei der Konzeption von spanischen und deutschen Websites

Hofstedes Unterscheidungsmodell eignet sich besonders gut um anhand kultureller Dimensionen die wesentlichen Inhalte und Funktionen von Websites zu bestimmen. Der Sozialwissenschaftler legte mit einer so genannten Faktorenanalyse Punktwerte auf einer Skala von 0 bis 100 fest, um für jedes Land einen entsprechenden Index-Wert der jeweiligen Bewertungskriterien bestimmen zu können.

Im folgenden Abschnitt möchte ich die wesentlichen Unterschiede zwischen deutschen und spanischen Websites im Bezug auf die fünf zuvor genannten Kriterien hervorheben.

a) Mitglieder eines Kulturkreises mit einer niedrigen *Machtdistanz* wie deutsche Nutzer (PDI = 35) erwarten einen hohen Grad an Freiheit bezüglich der Erkundung der jeweiligen Internetseite.

Der Websiteinhalt und deren Informationen sollten für alle Nutzer identisch und sichtbar sein, ein limitierter Zugang für einige Wenige könnte beleidigend wirken.

In Spanien stehen persönliche Beziehungen auch im Geschäftsleben im Vordergrund. Generell findet man in diesem Land auch stärker hierarchisierte und zentralisierte Strukturen als in Deutschland, was auf eine höhere Machtdistanz (PDI = 57) schließen lässt. Demnach erwarten spanische Nutzer nicht in gleichem Maße uneingeschränkte Informationen.

Sichtbarkeitsbeschränkungen, das bedeutet Inhalte, die nur für bestimmte Mitglieder zugänglich sind, werden eher akzeptiert und teilweise auch erwartet. Häufig enthalten Websites für diese Zielgruppe offizielle Siegel, Logos, andere Zertifikate und ein verstärktes Sicherheitssystem.

b) Der IDV-Wert zur Unterscheidung zwischen Kulturen mit Tendenzen nach *Individualismus bzw. Kollektivismus* ist für Spanien (51) und Deutschland (67) verhältnismäßig hoch. Beide Kulturen streben zum Individualismus, wodurch die Betonung auf der persönlichen Freiheit und dem Ziel der Selbstverwirklichung liegt. Der Stellung der Familie wird in Spanien jedoch noch mehr Bedeutung zugemessen, welches einen niedrigeren IDV-Wert im Vergleich zu Deutschland erklärt. Mitglieder mit einem niedrigeren IDV-Wert eigenen sich besser für Community-Building.

c) Zur Unterscheidung zwischen der *Betonung maskuliner bzw. feminer Werte* im Bereich Webdesign zeichnen sich Websites für deutsche Nutzer (MAS = 66) durch traditionell maskuline Werte wie Konkurrenzdenken und das Streben nach Machtidealen aus. Websites für diese Zielgruppe enthalten Spiele und Wettbewerbe als Motivationsfaktor. Das Navigationssystem sollte auf Entdecken und Kontrolle ausgelegt sein.

Spanische Websites (MAS = 42) hingegen tendieren weniger dazu die Unterschiede zwischen feminen und maskulinen Werten zu betonen. Designkonzepte für spanische Nutzer enthalten eher die Förderung von Zusammenarbeit und Hilfe als den Wettbewerbsgedanken. Poetische und ansprechende Anmutungen bilden hierbei den Motivationsfaktor.

d) Struktur und Einführung durch Startseiten sind für Kulturen mit einem hohen *UAI–Wert* wichtig (Spanien = 86; Deutschland = 65). Vorhersehbare Muster und langfristige Versprechungen im Geschäftsleben als auch in persönlichen Beziehungen begünstigen das soziale Zusammenleben. Nutzer spanischer Websites bevorzugen stärker eine beschränkte Anzahl an Alternativen und Wahlmöglichkeiten. Zudem sollten die Ergebnisse ihrer Wahl mit Hilfe von visuellen Orientierungshilfen wie Farben und Typografie vorhersehbar sein und es sollten nicht zu viele Links angeboten werden.

e) Geert Hofstede hat bisher nur 23 Länder auf ihre »*Lang- oder kurzfristige Ausrichtung*« untersucht. Die Hauptunterschiede sind zwischen der konfuzianischen Glaubensstruktur östlicher Kulturen sowie den westlichen Kulturkreisen der Christen und Muslime zu finden. Menschen des östlichen Kulturraums glauben an die Wiedergeburt und sind somit an einer Lebensweise orientiert, die sich nach langfristigen Erträgen von Handlungen richtet und zu einer Stabilisierung der Gesellschaft führt.

Westliche Kulturen wie Deutschland und Spanien hingegen ist es wichtig Werte, auf die Gegenwart oder Vergangenheit bezogen sind, zu pflegen. Dazu gehören sowohl die Bewahrung von Traditionen, als auch die Erfüllung sozialer Pflichten. Sie erwarten sofortige Ergebnisse von ihren Handlungen und bevorzugen Regeln im Gegensatz zu Beziehungen als Basis für Glaubwürdigkeit. Websites für diese Zielgruppen sollte die Möglichkeit enthalten Feedback an den Webmaster bzw. Betreiber der Website zu geben (vgl. Cook und Finlayson).

3.2.2 Kritik an Hofstedes

Unterscheidungsmodell

Der Hauptkritikpunkt gegen Geert Hofstedes Unterscheidungsmodell bezüglich unterschiedlicher Kulturkreise ist, dass die Stichproben nicht repräsentativ sind, da für die Studie nur die Daten einer weltweiten internen Mitarbeiterbefragung von IBM verwendet wurden. Hierbei handelt es sich demnach um einen Vergleich der IBM-Unternehmenskultur in verschiedenen Ländern und zeigt nicht die kulturellen Unterschiede der einzelnen Nationen auf.

Außerdem vernachlässigt Hofstedes Ansatz Unterschiede innerhalb einer Nation, da der Sozialpsychologe in seiner Studie davon ausgeht, dass eine Nation als homogenes Gebilde dieselbe Wertestruktur hat (Kale; Clark).

Trotz aller Kritik ist festzustellen, dass die Studie von Hofstede die in Umfang und Präzision die einzige ihrer Art ist und bis heute maßgeblich als Orientierungskriterium für interkulturelles Marketing herangezogen wird.

3.3 Nischen-Marketing

Im Bereich »Ethnomarketing« in Deutschland gibt es vorwiegend Spezialisten für die größten Einwanderungsgruppen: Türken, Russen, Serbokroaten und Polen. Migranten aus Spanien werden in der Bundesrepublik als potenzielle

Zielgruppe überhaupt nicht berücksichtigt. Ein Grund hierfür ist natürlich, dass sie mit rund 130.000 Spaniern (laut der Statistik des Auswärtigen Amtes von Oktober 2008) nur zu einer mittelgroßen Gruppierung der Ausländer in Deutschland zählen.

Besonders der Onlinemarkt ist bereits gut durch bestehende Angebote für diverse Zielgruppen abgedeckt. Was bleibt sind Nischen, die noch unbesetzt sind und auf individuelle Bedürfnisse eingehen können. Bei der Anvisierung einer Ethno-Zielgruppe geht es oftmals auch um Nischen-Marketing. Nischen-Marketing bezeichnet eine Zielgruppenanalyse hinsichtlich einer eindeutig definierten und kleineren Kundengruppe, deren Bedürfnisse nicht durch bestehende Angebote der Wettbewerber erfüllt werden (vgl. Kotler und Bliemel 2001, S. 419ff).

Wie groß muss eine Nische sein, um wirtschaftlich zu rentieren? Warum ist das Bedienen von Marktnischen gewinnbringend?

3.3.1 Profitabilität von Ethno-Zielgruppen

Die Größe der Nische spielt nur eine untergeordnete Rolle für die Profitabilität. Was zählt ist die Geschäftsstrategie des Unternehmens. Spezialisten für eine bestimmte ethnische Minderheit kennen genau die Bedürfnisse, Wertevorstellungen sowie das (Konsum)Verhalten der Kunden und können somit auf diese optimal eingehen.

Dieses zusätzliche Marketingpotential des Unternehmens rechtfertigen höhere Preise. Von Vorteil für kleinere Anbieter kann des Weitern sein, dass die Marktnische uninteressant für große und finanzstarke Konkurrenten ist. Dies gewährleistet einen Schutz gegenüber bestimmten Wettbewerbern und lässt dem Unternehmen Spielraum, die erforderlichen Fähigkeiten und das Kundenvertrauen aufzubauen bis die Ethno-Zielgruppe für den Markt an Attraktivität gewinnt (vgl. Kotler 2003, S.597f).

3.4 Fazit

Die Studie von Geert Hofstede war eine wichtige Entwicklung im Bereich der Zielgruppenanalyse. So können kulturelle Dimensionen genutzt werden um für Zielgruppen spezifische Websites mit einer geeigneten Auswahl an Features für »Community Building« wie Chat Rooms, Prämienprogramme oder Newsletter zu gestalten. Jedoch können diese Vorgaben nicht standardisiert werden sondern hängen vom jeweiligen Projekt ab.

Für die Situation der in Deutschland lebenden Spanier lassen sich nur Tendenzen ableiten, da ihr Verhalten und ihre Wertevorstellungen von der deutschen Kultur geprägt wurden und sich somit entsprechend verändert haben. Geert Hofstede untersuchte nur »kulturelle Dimensionen« innerhalb eines Kulturkreises und vernachlässigte ethno-spezifische Unterschiede der Minderheiten des jeweiligen Landes.

Aufgrund der demographischen Entwicklung und des daraus resultierenden Mangels an jungen Arbeitnehmern wird besonders in Deutschland die Migration von jungen ausländischen Arbeitskräften zunehmen. Somit steigt zukünftig auch die Notwendigkeit an Marketing-Strategien für ethnische Minderheiten. Die Zeit der Massenmärkte ist vorbei; der Trend geht zu einer zunehmenden Individualisierung der Marketing-Strategien und somit insbesondere zur Bedienung von Nischenzielgruppen.

4. Marktanalyse

Bisherige Studien über in Deutschland lebende Spanier knüpfen vorwiegend an soziolinguistische Aspekte an, die in Verbindung mit gegenwärtigen sprachlichen Praktiken und kulturelle Einstellungen stehen. Verschiedene studentische Pilotprojekte der Universität Mannheim untersuchten die heutige Situation der spanischen Vereine und anderer spanischer Organisationen im Bezug auf die Bewahrung der spanischen Sprache und der Profilierung einer deutsch-spanischen Identität. Parallel hierzu wurden beispielhaft Migranten-Biographien und lokale Fallstudien erstellt (u.a. Kiefer; König; Motz).

Die Ergebnisse dieser Studien zeigen, dass die spanischen Organisationen besonders bei der ersten Migrantengeneration einen hohen Stellenwert haben, jedoch in den folgenden Generationen weniger Interesse wecken. Die Hauptkulturarbeit, die noch bestehende spanische Vereine betreiben, beschränkt sich heute überwiegend auf volkstümliche und gastronomische Aktivitäten, die auch Publikum nicht spanischer Herkunft anzieht. Ende der 1990iger Jahre, als diese Untersuchungen stattfanden, waren viele spanische Kulturzentren in Auflösung begriffen. Grund hierfür war ein zunehmender Mitgliederschwund und fehlende Partizipation bei Veranstaltungen.

Die Praktizierung der spanischen Sprache sowie das damit verbundene Identitätsbild der zweiten und dritten Generation unterliegen großen Schwankungen. Diese reichen von der vollen Identifikation mit Spanien bis zu sporadisch ausgeübten kulturellen Praktiken (Dirscherl, S.299).

Insgesamt besteht noch ein hoher Forschungsbedarf in diesem Bereich. Studien, die sich mit dem Konsumverhalten dieser ethnischen Minderheit in der Bundesrepublik Deutschland beschäftigen, sind mir nicht bekannt.

Infolgedessen konnte ich in meiner Publikation nur wenig auf bereits recherchierte Studien und Literatur zurückgreifen. Aus diesen Gründen habe ich eine Umfrage (vgl. Kapitel 4.4) ausgearbeitet, die sich auf Spanier in Deutschland zweiter und dritter Generation, Erasmusstudenten und junge Spanier, die in Deutschland leben, spezialisiert.

Zunächst möchte ich jedoch klären wie stark neue Kommunikationsmethoden wie Web 2.0 Anwendungen in Spanien genutzt werden, um dies auf die spanischen Migranten in Deutschland übertragen zu können.

4.1 Nutzung von Web 2.0 Anwendungen

Gemäß der europäischen Internetstudie NetObserver von 2006 sind »die Spanier (..) die eifrigsten Anwender der neuen Web 2.0-Anwendungen« (Novatris). Unter diesem Begriff versteht man neue Informations- und Kommunikationspraktiken wie Blogs, Software für die Kommunikation über das Internet sowie Podcasting (vgl. Abb. 06). »Die spanischen Internetnutzer machen nicht nur am häufigsten Gebrauch von Anwendungen wie Instant Messaging oder Skype, sondern sie sind auch diejenigen, die am stärksten Podcasting-Dienste nutzen sowie die meisten Blogs erstellen« (Novatris). Als ein Grund wird zusätzlich angeben, dass die spanischen Internetnutzer im europäischen Vergleich sehr jung seien. »Sechzig Prozent der Spanier im Netz sind unter 35 Jahre alt«. (Novatris)

Demnach haben besonders Online-Communities (Web 2.0) für diese Zielgruppe einen wichtigen Stellenwert erlangt.

Gibt es einen Zusammenhang zwischen dem Mitgliederschwund der spanischen Vereine und der Zuwendung der jüngeren Generation zu Online-Communities?

Abb. 06
Verwendung von Informations- und Kommunikationsdienstleistungen
Quelle: Novatris NetObserver Europe | Stand Juni 2006

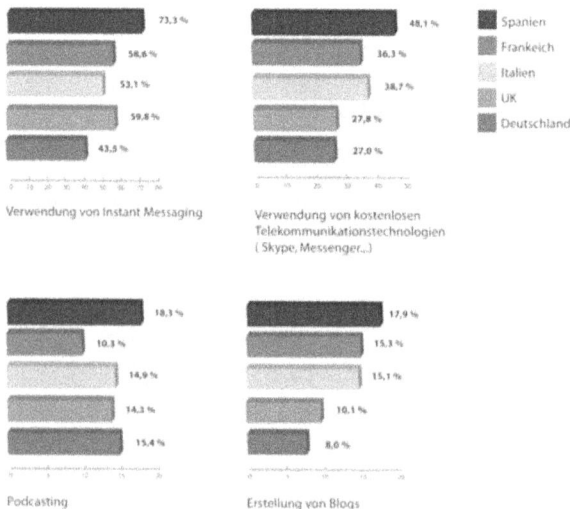

Verwendung von Instant Messaging

Verwendung von kostenlosen Telekommunikationstechnologien (Skype, Messenger...)

Spanien
Frankeich
Italien
UK
Deutschland

Podcasting

Erstellung von Blogs

4.2 Spanische Vereine und der Trend zu Online-Communities

Das Verhalten und die Wertevorstellungen der spanischen Migranten in Deutschland zeichnen sich durch eine zunehmende »Germanisierung« aus (vgl. Kapitel 1). Diese Entwicklung kann man deutlich am Beispiel der veränderten Situation der spanischen Vereine bemerken. Die Migranten der ersten Generation sind nach Spanien zurückgekehrt oder in Deutschland in Rente bzw. in Pension gegangen, wohingegen die Spanier der folgenden Generationen sich immer weniger mit Spanien identifizieren und seine Kultur aktiv praktizieren. »Während die erste Generation spanischer Migranten in Deutschland noch als kompakte Gruppe erschien und sich auch als solche nach außen hin in den verschiedenen Vereinen darstellte und folglich zwischen dieser ersten Generation von Emigranten und den Deutschen eine zwar durchlässige aber doch klar existierende kulturelle Grenze bestehen blieb, so löst sich die Grenze in den neunziger Jahren zunehmend auf oder durchläuft eine Reihe von Veränderungen, die ein interessantes Licht auf die interkulturellen Veränderungen der spanischen Migranten werfen« (Dirscherl, S. 299).

Das 1970 in München gegründete »Centro Español« war einer der ersten spanischen Vereine in Deutschland. Seine Funktion war es Unterstützung in der Fremde und Informationen über das Heimatland zu liefern. Gleichzeitig fungierte der Verein als gesellschaftlicher Treffpunkt für Spanier aus München und Umbebung.

Die Jüngeren scheinen sich nicht mehr für »die heimische Volkskultur« (Dirscherl, S.299) zu interessieren. Tatsächlich haben sie andere zeitgemäße Kontakt- und Organisationsformen gefunden: Online-Communities für »hispanohablantes«.

4.3 Wettbewerbsumfeld

Klaus Dirscherl gibt an, dass die beiden Domains »en-munich.de« und »en-stuttgart.de« auf spanisch einen regen Austausch über u. a. kulturelle Ereignisse, spanische Witze, Rezepte, Arbeitsmöglichkeiten, günstige Telefontarife nach Spanien und Lateinamerika geben oder spanische Touristen über München bzw. Stuttgart und Umgebung informieren. Beide Online-Communities, die laut Dirscherl in Deutschland die Bekanntesten für »hispanohablantes« sind, ersetzen persönliche Kontaktbedürfnisse und Informationen, die früher nur die spanischen Vereine liefern konnten. Zudem erhält man online Nachrichten aus Spanien und Lateinamerika viel zeitnaher als »bei der früheren Lektüre hoffnungslos veralteter Zeitungen im Vereinslokal« (Discherl, S. 300).

Doch werden die genannten Online-Communities nur zu 25 Prozent von Spaniern genutzt, während 40 Prozent der Nutzer aus Lateinamerika stammen. Der Rest kommt aus Deutschland und dem übrigen Europa (laut der Selbstauskunft von http://en-munich.de von 7.5. 2002).

Ein weiteres Beispiel ist die Domain »deutsch-hispanisch.de«, die von der Deutsch-Hispanischen Gesellschaft in München angeboten wird. Die zweisprachig ausgerichtete Website bieten ein Forum für allgemeine Kontakte, Sprachtandem, Au-Pair, Arbeit in Deutschland und den Themen Spanien und Lateinamerika. Weitere Links informieren über das Latino-Leben, Kultur, Studium, Sprachkurse, Praktika und Tourismus in München, Deutschland, Spanien, Portugal und Lateinamerika.

Insgesamt ist zu beobachten, dass aus dem ehemals »geschlossenen Kultur- und Sozialverein für spanische Gastarbeiter (..) ein Chatforum für alle jene geworden [ist], die sich für spanische, aber auch lateinamerikanische Dinge interessieren« (Discherl, S. 300). Diese Form der virtuellen Kommunikation lässt viele Menschen unterschiedlicher Länder an der spanischen und lateinamerikanischen Kultur teilhaben.

Die Tatsache, dass nur etwa ein Viertel der aktiven Nutzer der genannten Online-Communities spanischer Herkunft sind, ist meiner Meinung nach einerseits auf den ebenfalls hohen Anteil an Lateinamerikanern (ca. 100.000) in Deutschland (laut der Statistik Deutsche Botschaft Panama vom 31.12.2007) zurückzuführen. Andererseits ist die fehlende Strategie der Online-Communities ein Grund. Zwar gehen die Betreiber der genannten Domains thematisch auf die Kernzielgruppe ein, jedoch werden weitere kulturelle Aspekte im Hinblick auf das Design nicht berücksichtigt. Weiterhin werden, da es sich um nicht-kommerzielle Projekte handelt, keine Mehrwerte angeboten.

4.4 Umfrage

Um Wertevorstellungen, Wahrnehmungen, kulturelle Praktiken und Konsumverhalten der spanischen Migranten bestimmen zu können, habe ich eine Online-Umfrage durchgeführt. Probanden mit spanischer Herkunft fand ich im Bekanntenkreis oder durch persönliche Kontaktaufnahme mit Mitgliedern der Online-Communities »studivz.de«, »facebook.com« und »deutsch-hispanisch. de«. Die Umfrage bestand aus insgesamt 36 Fragen, die recherchierte Studien, wie beispielsweise Geert Hofstedes Untersuchungsergebnisse (vgl. Kapitel

3.2), auf ihre Übertragbarkeit auf in Deutschland lebende Spanier überprüfen sollte. Dies geschah hinsichtlich der fünf Kategorien: Machtunterschiede, Individualismus, maskuline und feminine Werte, Risikobereitschaft und Vermeidung von Unsicherheit, sowie lang- oder kurzfristige Ausrichtung. Des Weitern war mein Ziel zusätzliche Informationen zu gewinnen, um eine Online-Community auf diese spezifische Ethno-Zielgruppe abstimmen zu können. Die Befragten konnten zwischen einer deutschen bzw. spanischen Version der Online-Umfrage wählen. Diese Entscheidung ging ebenfalls als Information in das Umfrageergebnis ein.

Insgesamt möchte ich mit dieser Umfrage folgende Hypothesen überprüfen:

Die Zielgruppe...

- bevorzugt kräftige, sommerlich Farben und Anmutungen
- führt mehrheitlich gemischtnationale Ehen
- hat ein hohes Bildungsniveau und arbeitet in qualifizierten Berufen
- kauft gerne spanische Lebensmittel, wenn diese erhältlich sind
- wird von Werbung angesprochen, in der Kinder und Familie eine Rolle spielen
- nutzt sowohl deutsche als auch spanische Medien
- hat stärkeres Interesse an Informationen aus/über Spanien als an aus/ über Deutschland
- ist internetaffin im Bezug auf Communities, Chat Rooms usw.
- nutzt wenig Communities für »hispanohablantes« aus Deutschland
- akzeptiert Sichtbarkeitsbeschränkungen + Premium-Mitgliedschaften
- traut nur Websites mit offiziellen Siegeln, Logos, anderen Zertifikaten und einem verstärkten Sicherheitssystem
- bevorzugt eine beschränkte Anzahl an Alternativen und Wahlmöglichkeiten
- tendiert wenig dazu feminine und maskuline Werte zu betonen
- interessiert sich wenig für Wettbewerbe in Form von Gewinnspielen
- befürwortet erfolgreiche und emanzipierte Frauen
- hat einen geringen Bezug zur Religion
- hat einen ausgeprägten Nationalstolz
- hält Familie und Freunde für wichtig

- hat teilweise typisch deutsche Verhaltensweisen wie Pünktlichkeit, Disziplin, Genauigkeit angenommen
- praktiziert die spanische Sprache aktiv
- ist in die deutsche Gesellschaft integriert
- lehnt Klischees gegenüber Spanien ab

4.4.1 Auswertung

An der Umfrage »Spanier in Deutschland« nahmen insgesamt 68 spanische Probanden (50 Prozent weiblich; 50 Prozent männlich) teil. Das Durchschnittsalter betrug 25 Jahre. Die Befragten gaben an seit durchschnittlich 9,4 Jahre in Deutschland zu leben. Viele äußerten den Wunsch wieder nach Spanien zurückkehren zu wollen. Das resultiert daraus, dass sich 61,8 Prozent der Probanden nur befristet in Deutschland aufhalten, beispielsweise als Erasmus-Student oder aufgrund temporärer Arbeitsverhältnisse in Deutschland ansässigen Unternehmen. Nur 38 Prozent der Befragten sind schon seit Kindesalter in Deutschland.

Kulturelle Praktiken und Bildung:

Bei 82,3 Prozent der Befragten sind beide Elternteile spanischer Herkunft (vgl. Abb. 07). Unter den Umfrageteilnehmern sind Spanisch-Spanische-Beziehungen (33,8 Prozent) doppelt so stark vertreten wie Spanisch-Deutsche (16,2 Prozent), wobei Spanier erster Generation häufiger mit einem spanischen Partner zusammen sind (vgl. Abb. 08).

80,9 Prozent der Teilnehmer entschieden sich für die spanische Version der Online-Umfrage, was darauf schließen lässt, dass sie aktiv die Muttersprache praktizieren und sich auch mit dieser identifizieren.

Die Mehrheit gab an ein Studium zu absolvieren (26,5 Prozent), was die Annahme eines hohen Bildungsniveaus bestätigt. Andere sind als Ingenieur (16,2 Prozent), in der Tourismusbranche (10,3 Prozent), im Einzelhandel, als Designer, als Lehrer, als Übersetzer oder im sozialen Bereich tätig.

Abb. 07
Anteil spanischer Eltern
Quelle: Eigene Umfrage 2008

Abb. 08
Nationalität des Partners
Quelle: (ebd.)

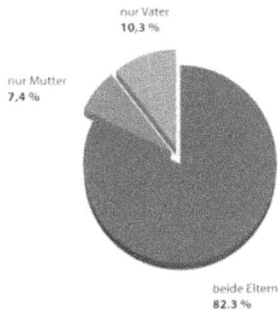

nur Vater
10,3 %

nur Mutter
7,4 %

beide Eltern
82.3 %

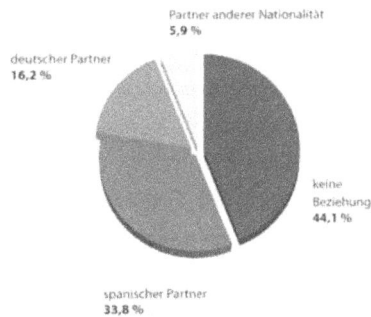

Partner anderer Nationalität
5,9 %

deutscher Partner
16,2 %

keine Beziehung
44,1 %

spanischer Partner
33,8 %

Integration in die deutsche Gesellschaft:
Die Mehrheit der Probanden schätzt sich selbst als pünktlich, strukturiert und diszipliniert ein – Werte die sie auch als »typisch deutsch« deklarieren.

73,5 Prozent der Befragten teilten mit sich tendenziell eher als Spanier zu fühlen, was auf einen ausgeprägten Nationalstolz schließen lässt. Viele Spanier der »neuen« ersten Generation, das bedeutet junge Spanier, die im Erwachsenenalter in die Bundesrepublik kamen, gaben zudem an in Deutschland fremd zu sein.

Wertevorstellungen:
88,2 Prozent der Frauen und 76,4 Prozent der Männer befürworten karriereorientierte Frauen. Das Klischee des Ehemannes als Oberhaupt der Familie ist veraltet. Zudem ist das Interesse an der Kirche und an religiösen Einrichtungen unter den Umfrageteilnehmern nicht besonders ausgeprägt.

Familie und Freunde haben einen hohen Stellenwert in ihrem Leben. Die Eltern werden oftmals in die Entscheidungsfindung miteinbezogen. Die Probanden halten auch regelmäßigen telefonischen Kontakt zu den Familienmitgliedern in Spanien.

Nur etwa ein Drittel der Befragten gab nicht ihren Namen und ihre Kontaktdaten an und bevorzugten es anonym zu bleiben. Viele nahmen nach oder vor der Teilnahme mit mir Kontakt auf, um zu erfahren, aus welchen Gründen ich dieses Thema gewählt habe und boten mir zusätzliche Unterstützung bei der Recherche an. Diese Tendenz bestätigte sich in der Umfrage, in der die Mehrheit der Teilnehmer angaben, dass es ihnen wichtig sei zu wissen, wer hinter einer Internetpräsenz steht und welches Anliegen diese Person verfolgt.

Tendenziell favorisieren die Teilnehmer der Online-Umfrage Websites offizieller Unternehmen und Organisationen, die Siegel, Logos oder andere Zertifikate enthalten. Sie sind tendenziell eher sicherheitsbewusst (76,5 Prozent), weshalb eine Website ausgerichtet auf die Probanden dieser Umfrage ein verstärktes Sicherheitssystem haben sollte.

Wahrnehmung:
Die Umfragenergebnisse zeigten, dass die Teilnehmer tendenziell eher kräftige Farben wie Rot (25 Prozent), Blau (22,1 Prozent) und Grün (14,7 Prozent) favorisieren (vgl. Abb. 09). Demgegenüber ging aus der Erhebung des Instituts für Demoskopie Allensbach über die Farbpräferenzen der Deutschen die Farbe Blau mit 40 Prozent als häufigste favorisierte Farbe hervor. Zudem bevorzugen die Deutschen eher als die spanischen Probanden meiner Umfrage unauffällige Farben wie schwarz, grau oder braun (vgl. Abb. 10).

Bei genauerer Untersuchung dieser Angaben im Hinblick auf die Geschlechter zeigte sich, dass die Lieblingsfarbe der spanischen Männer Blau zu sein scheint (35,3 Prozent; vgl. Abb. 11). Im Vergleich hierzu geben jedoch nur 8,8 Prozent der spanischen Frauen Blau als ihre bevorzugte Farbe an (vgl. Abb. 12). Die Probandinnen favorisieren die Farben Rot (26,5 Prozent) und Grün (17,6 Prozent).

Abb. 09
Lieblingsfarben der Spanier (insgesamt)
Quelle: Eigene Umfrage 2008

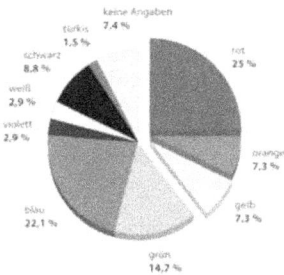

Abb. 10
Lieblingsfarben der Deutschen
Quelle: Instituts für
Demokopie Allensbach 2008

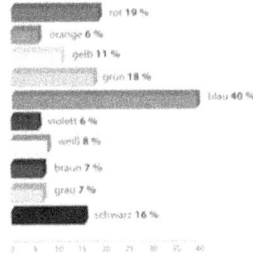

Abb. 11
Lieblingsfarben der Spanier (männlichen)
Quelle: Eigene Umfrage 2008

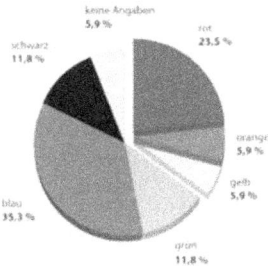

Abb. 12
Lieblingsfarben der Spanier (weiblichen)
Quelle: Eigene Umfrage 2008

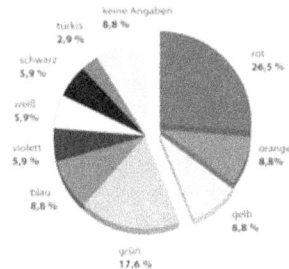

Grundsätzlich sprechen die Umfrageteilnehmer sommerliche Anmutungen an. Woraus sich ableiten lässt, dass diese Sehnsüchte nach Spanien – das Land, das sie mit Sonne, Meer und Familie verbinden – hervorrufen (vgl. Abb. 13).

Werbung mit sexuellem Kontext erfreut vorwiegend die männlichen (47,1 Prozent) Spanier, jedoch gaben auch 41,2 Prozent der Probandinnen an, dass ihnen Werbung gefalle, die sexy sei. Werbung die Kinder und Familie thematisiert spricht hingegen nur ein Viertel der Befragten an. Werbung, die den Probanden negativ auffiel, waren u. a. Werbespots von Fielmann, Aral, Spots für Fertiggerichte und für Handy-Klingeltöne.

Aus den Umfrageergebnissen lässt sich schließen, dass eine beschränkte Anzahl an Alternativen und Wahlmöglichkeiten auf Internetseiten von den Befragten bevorzugt wird. Zudem ist ihnen wichtig, dass eine Website übersichtlich und der Inhalt schnell zu erfassen ist.

In meiner Umfrage habe ich gezielt Klischees über Spanien und seine Kultur aufgegriffen wie etwa: Stiere, Sommer, Königsfamilie, Tapas, Sangria, Flamenco, Kastagnetten, Kirche oder Feste. Insgesamt wählten die Probanden die Begriffe Sommer (80,9 Prozent), Feste (75 Prozent) und Tapas (77,9 Prozent) als landestypische Symbole.

Wie erwartet stieß diese Auswahl auch auf Widerspruch. Einige, vorwiegend Spanier der »neuen« ersten Generation, gaben an, dass diese Begriffe nur Stereotypen seien wie Spanien von Ausländern gesehen würde. Andere zeigten ergänzende Symbole für Spanien auf, die sich vorwiegend auf die spanische Küche, bestimmte landestypische Feste (z. B. Las Fallas in Valencia, Las Cubatas, Feste der Schutzpatrone der spanischen Städte), die Bedeutung

Abb. 13
Vorlieben bezüglich Werbung (insgesamt)
Quelle: Eigene Umfrage 2008

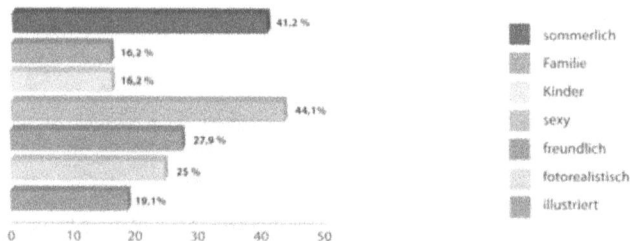

sommerlich	41,2 %
Familie	16,2 %
Kinder	16,2 %
sexy	44,1 %
freundlich	27,9 %
fotorealistisch	25 %
illustriert	19,1 %

der Familie und die Besonderheit der spanische Mentalität wie Humor, Flexibilität, Gastfreundlichkeit bezogen.

Konsumverhalten:
Die Umfrageteilnehmer bevorzugen tendenziell eher spanische Nahrungsmittel und Kosmetika, falls diese im deutschen Einzelhandel erhältlich sind. Die befragten Spanier interessieren sich für Informationen und Nachrichten sowohl aus Deutschland als auch aus Spanien, wobei das Interesse an der spanischen Kultur, besonders im Bereich Musik, und an spanischen Vereinen im Bezug auf zielgruppenspezifische Themen am stärksten ist. Viele bekundeten auch eine Begeisterung für Sportvereine. Spanier der »neuen« ersten Generation geben zudem an, über Deutsch-Kurse und Sprachtandem mit deutschen Muttersprachlern informiert werden zu wollen.

Medium Internet:
Da es sich um eine Online-Umfrage handelte, sprach diese auch vorwiegend Teilnehmer mit einer hohen Internetaffinität an. 97,1 Prozent der Probanden bestätigten, das Internet täglich zu nutzen, jedoch weniger um Informationen zu erhalten (nur 20,6 Prozent), stattdessen erledigen sie ihre Einkäufe online und sind in verschiedenen Internet-Communities wie »studivz« (63,2 Prozent), »facebook« (52,9 Prozent) und »myspace« (25 Prozent) aktiv. Viele gaben an zudem bei »tuenti.com« (13,2 Prozent), eine Web 2.0 Community aus Spanien für junge Spanier, Mitglied zu sein. Genannt wurden außerdem das Online-Portal »spaniards«, das Spanier und Lateinamerikaner aus der ganzen Welt anspricht, sowie »e-catalunya«, für Spanier katalanischer Herkunft.

Online-Communities für »hispanohablantes« in Deutschland wurden bis auf »deutsch-hispanisch.de« (5,8 Prozent) nicht angegeben. Ein Grund hierfür ist natürlich, dass die Anwerbung der Probanden ausschließlich bei den Online-Communities »studivz«, »facebook« und »deutsch-hispanisch« stattfand. Dies zeigt aber auch, dass die Online-Communities für »hispanohablantes«, die bisher im Internet zu finden sind, die Befragten dieser Umfrage nicht ansprechen. Meiner Einschätzung nach weil sie, bis auf zielgruppenspezifische Informationen, nicht auf die Unterschiede in Wahrnehmung, Wertevorstellungen und Konsumverhalten der spanischen Migranten eingehen.

Die Mitgliedschaft in den genannten Communities setzt eine Registrierung voraus, die der Zielgruppe zwar widerstrebt, jedoch von der Mehrheit akzeptiert wird. Kostenpflichtige Mitgliedschaften werden überwiegend (83,8 Prozent) abgelehnt.

4.5 Fazit

Die Umfrage zeigt, dass die Internetaffinität der Probanden sehr hoch. Laut der europäischen Studie NetObserver nutzen sie außerdem neue Kommunikationsmethoden von Web 2.0 aktiv. Demnach sind in Deutschland lebende Spanier die ideale Zielgruppe für Community-Building.

Zudem wird deutlich, dass die »Germanisierung« der Umfrageteilnehmer nur äußerlich vollzogen ist. Die spanischen Migranten fallen in der deutschen Gesellschaft nicht auf, jedoch identifizieren sie sich noch stark mit ihren kulturellen Wurzeln, was ihre Wertevorstellungen besonders im Bezug auf die Familie und den Umgang mit Freunden prägt.

Die Ergebnisse zeigen auch das Geert Hofstedes Unterscheidungsmodell »kultureller Dimensionen« auf die befragten Spanier angewendet werden kann. So trafen meine Annahmen bezüglich aller in Kapitel 3.2 genannten Kriterien tendenziell zu.

Wichtig ist zu erwähnen, dass diese Umfrage nicht repräsentativ für alle spanischen Migranten in Deutschland ist. Die Ergebnisse beziehen sich nur auf meine anvisierte Zielgruppe.

Insgesamt wurde die Umfrage sehr positiv aufgenommen. Ca. 30 Prozent der angeschriebenen Spanier nahmen an dieser Umfrage teil. Viele gaben Anregungen und boten mir ihre Hilfe für den weiteren Verlauf des Projektes an, worauf ich in den ersten Gestaltungsentwürfen zurückkam. Das Feedback und die enge Zusammenarbeit mit meiner Zielgruppe, waren mir sehr wichtig (vgl. Kapitel 6).

5. Corporate der Online-Community

Die Identität und »Persönlichkeit« eines Unternehmens ähnelt tendenziell der eines Menschen. Der Unterschied zwischen Unternehmen und Menschen liegt jedoch darin, dass Unternehmen nicht altern müssen. Professionelles Identitätsmanagement kann das Unternehmen jahrzehntelang jung halten. Menschen können ihre Persönlichkeit selbst entwickeln, die eines Unternehmens muss jedoch gestaltet werden (vgl. Herbst 2006, S. 25).

Der Begriff »corporate« stammt aus der englischen Sprache und bedeutet zum einen »Kooperation«, »Verein«, »Gruppe«, »Unternehmen«, »Zusammenschluss«, zum anderen steht das Wort für »vereint«, »gemeinsam«, »gesamt«. Unter dem Begriff Corporate Identity versteht man demnach das Selbstverständnis einer Gemeinschaft oder Organisation als Ganzes. Ein Unternehmen ist die Identität, die durch alle seine Mitglieder geprägt wird. »Der Wert der Unternehmenspersönlichkeit liegt nicht im Unternehmen, sondern in den Köpfen der Bezugsgruppen« (Herbst 2004, S. 43).

Folgende Fragen werden in diesem Kapitel geklärt: *Wer ist die anvisierte Zielgruppe? Wer ist die Online-Community »entre dos aguas«? Und wie möchte das Portal von der Zielgruppe gesehen werden? Durch welche Mittel kann diese Zielsetzung erreicht werden? Was macht das Portal aus?*

Zusätzlich wird an dieser Stelle ein Ausblick für mögliche Werbebanner auf der Website von »entre dos aguas« sowie für Werbemaßnahmen für die Online-Community selbst gegeben.

5.1 Zielgruppe

Der Internetauftritt von »entre dos aguas« richtet sich vorwiegend an Spanier zwischen 15 und 35 Jahren, die in Deutschland leben. Zu dieser Zielgruppe gehören spanische »Neuankömmlinge«, die sich erst seit kurzer Zeit in der Bundesrepublik Deutschland aufhalten, und spanische Migranten zweiter sowie dritter Generation.

5.2 Zielsetzung

Die Online-Community »entre dos aguas« fungiert als soziales Netzwerk zwischen Spaniern in Deutschland. Ziel ist es die kulturelle Begegnung innerhalb der Zielgruppe zu fördern. So können spanische Migranten der zweiten und dritten Generation die Integration der spanischen »Neuankömmlinge« in die deutsche Gesellschaft erleichtern, da sie im Vergleich zu ihren Landsleuten fließend deutsch sprechen und die Strukturen innerhalb der deutschen Gesellschaft kennen. Auf der anderen Seite können Deutsch-Spanier von dieser kulturellen Begegnung profitieren indem sie ihre Sprachkenntnisse erhalten erweitern sowie mehr über ihre kulturellen Wurzeln erfahren. Der Kontakt zwischen den beiden Gruppen wird durch gemeinsame »Culturamovas« (span: movedizo/a = beweglich), die auf der Online-Community »entre dos aguas.de« organisiert werden, hergestellt. Bei meiner Wortschöpfung handelt es sich um spontane Menschenzusammenkünfte an öffentlichen Orten ohne direkten Veranstalter, bei denen sich die Teilnehmer untereinander persönlich nicht kennen. Die Thematik der »Culturamova« sollte sich auf Aktivitäten beschränken, die aufgrund der kulturellen Besonderheiten, der Infrastruktur und anderer klimatischer Bedingungen nicht in Spanien sondern nur in Deutschland durchführbar sind. Diese Veranstaltungen geben der Zielgruppe die Möglichkeit Gleichgesinnte aus der eigenen Stadt oder der nähren Umgebung kennen zu lernen.

Um den Kulturaustausch zwischen den spanischen Besuchern zu garantieren, wird die Website in der spanischen Sprache ausgerichtet. Texte, Überschriften und Menüführung, die exemplarisch in meinen Entwürfen verwendet werden, erfolgen jedoch zur besseren Verständlichkeit auf Deutsch.

Mit der Fokussierung auf die spanische Kultur soll eine höhere Partizipation spanischer Nutzer auf »entre dos aguas.de« als bei den Mitbewerberangeboten wie en-munich.de bzw. en-stuttgart.de erreicht werden.

5.3 Leitbild

Das soziale Netzwerk »entre dos aguas.de« legt seinen Schwerpunkt insbesondere auf das Thema »Culturamovas«, deren Organisationsform an die Eigenschaft der Spanier anknüpft, welche sich gerne in Gruppen zusammenfinden. Die Unternehmenspersönlichkeit ist von der spanischen Mentalität im Bezug auf Humor und Gastfreundlichkeit geprägt. Die Mitglieder verstehen sich untereinander als Freunde.

Ausschließlich das Corporate Design und der thematische Rahmen der Website werden von der Moderation vorgegeben. Die Inhalte wie Kommentare, Fotos oder Videos sind von den Nutzern eigenständig zu gestalten, welches die Kommunikation untereinander und den kulturellen Austausch fördern soll.

Mittelfristig sollte die Community von einem festgelegten Team von Spaniern aus Deutschland moderiert werden, um eine Authentizität der Unternehmenskultur zu gewährleisten.

5.4 Naming

Die Benennung des Portals in »entre dos aguas« (deutsch: zwischen zwei Stühlen) spricht die emotionale Situation der in Deutschland lebenden Spanier an. Spanier zweiter und dritter Generation leben in Deutschland und fühlen sich in diesem Land überwiegend heimisch, jedoch sind sie sich ihrer spanischen Wurzel bewusst. In einer vergleichbaren Position sind spanische »Neuankömmlinge«, die von ihrer spanischen Herkunft geprägt werden und mit zunehmender Aufenthaltsdauer in Deutschland auch deutsche Werte annehmen.

Demnach befinden sich spanische Migranten »zwischen zwei Stühlen«, »zwischen zwei Kulturen« oder wie in der wörtlichen Übersetzung »zwischen zwei Gewässern«.

5.5 Alleinstellungsmerkmal

Die Online-Community »entre dos aguas« unterscheidet sich besonders von anderen Communities durch die zusätzliche Rubrik »Culturamova«, in der der kulturelle Austausch und die Zusammenarbeit (vgl. Kapitel 3.2.1) innerhalb der Zielgruppe gefördert wird. Bei »Culturamovas« handelt es sich um spontane Menschenzusammenkünfte von Spaniern, die in Deutschland leben. Charakteristisch für Spanier ist, dass sie häufig in Gesellschaft etwas unternehmen. Daher werden die Mitglieder der Community und andere Spanier, die in der BRD leben, zu unterschiedlichen Aktivitäten in Deutschland eingeladen. Die geplanten »Culturamovas« sind teilweise regional und jahreszeitlich gebunden.

Der Aufruf zu folgenden Aktivitäten wird angestrebt:

a) »Brotprobe«

Die Deutschen sind bekannt für ihr Brot. Es gibt in Deutschland alleine über 300 Brotsorten. Viele davon sind Vollkorn- oder dunkle Brote, wobei jede Region ihre eigenen Spezialitäten vorweisen kann. In Form eines Picknicks mit verschiedenen Brotarten soll bei dieser Aktivität ein Austausch über die deutsche Esskultur stattfinden. In Spanien bedarf es für ein Picknick nicht unbedingt einer Grünfläche, das bedeutet ein asphaltierter Untergrund ist ausreichend. Demnach kann diese »Culturamova« an allen öffentlichen Plätzen auch in der Stadt stattfinden. Bezug nimmt die Aktion auf den Akt des Teilens, durch welchen sich die spanische Mentalität u. a. auszeichnet. Dies ist besonders bei Spaniern im Umgang mit der Familie und Freunden auffallend. Bei der »Brotprobe« bringt jeder Teilnehmer sein deutsches Lieblingsbrot oder eins, das er gerne probieren möchte, mit und teilt dieses mit den anderen Teilnehmern der Aktion. Da Sympathie bekanntlich durch den Magen geht, steht im Mittelpunkt dieser »Culturamova« das Schließen von neuen Kontakten sowie das Öffnen gegenüber dem Neuen.

b) Laternenumzug am Sankt Martinstag

Der 11. November ist Sankt Martinstag in Deutschland. Gefeiert wird die Legende eines römischen Soldaten, der in einer kalten Nacht von einem in Lumpen gehüllten Bettler um Hilfe gebeten wurde. Da Sankt Martin nichts bis auf seinen Mantel und sein Schwert bei sich trug, teilte er den Mantel mit seinem Schwert in zwei Hälften. Eine davon gab er dem Bettler und bewahrte ihn so vor dem Erfrieren. Die Moral von der Geschichte knüpft erneut an die spanische Eigenschaft – den Akt des Teilens – an.

Um die spanischen Migranten mit den deutschen Ritualen vertraut zu machen, ruft das »entre dos aguas«-Team zum »Laternenumzug am Sankt Martinstag« auf. Angeführt wird der Umzug von einem Mitglied des »entre dos aguas«-Teams, der sich als Reiter kostümiert und traditionelle spanische Lieder anstimmt. Die Laternen, die sie für diese »Culturamova« benötigen, sollten im Vorfeld von den Teilnehmern selbst hergestellt werden und spanische Farben und Symbole aufgreifen.

c) »Glühwein-Botellón«

Von zunehmender Bedeutung sind die so genannten »botellóns« (span. »große Flasche«) in Spanien, bei denen sich spanische Jugendliche und junge Erwachsene an öffentlichen Plätzen wie beispielsweise Parks vorwiegend abends an den Wochenenden spontan zusammenfinden. Meistens wird gemeinsam mit beispielsweise einer Flasche Wein vorgefeiert, bevor sie sich weiter in das spanische Nachtleben stürzen. Ähnliche Zusammenkünfte sind auf deutschen Weihnachtsmärkten an Glühweinständen oder anderen öffentlichen Orten, zu denen alle Teilnehmer ihren eigenen Glühwein mitführen, denkbar.

Diese »Culturamova« verbindet gleichzeitig die spanische als auch die deutsche Kultur, da Glühwein ein traditionelles deutsches Wintergetränk ist und »botellones« in Deutschland in der Art bisher nicht stattfinden.

d) Grünkohlfahrt

Eine weitverbreitete norddeutsche Tradition ist die Grünkohlfahrt, bei der eine Gruppe ausgerüstet mit einem Bollerwagen und reichlich warmen Getränken durch die Natur wandert.

Veranstaltet werden kann diese »Culturamova« nach dem ersten Herbstfrost bis Ende Januar. Das gemeinsame Ziel ist das Grünkohlessen in einer ausgewählten Gastwirtschaft. Auf dem Weg gibt es zusätzlich während dieser »Culturamova« knifflige Ratespiele rund um das Thema spanisch-deutsche Geschichte, die vom »entre dos aguas«-Team vorbereitet werden.

Der Höhepunkt der Aktion ist die Ausrufung des Kohlkönigs: eine Ehre die dem Teilnehmer mit dem besten Spielergebnis zuteil wird. Überreicht wird dem Sieger ein Schweinekieferknochen als Halskette mit der Inschrift »spanischer Kohlkönig« und dem Datum der stattgefundenen »Culturamova«.

e) Hemdglonkerumzug

Eine Erscheinung der Konstanzer Fasnacht ist der Hemdglonkerumzug, der heute in vielen Städten Baden-Württembergs Nachahmung findet. Das weiße Hemd, das an ein Totenhemd erinnert, wird von den Teilnehmern des Umzuges in der Hoffnung getragen, die zur Erde zurückdrängenden Toten abzuhalten und zu erschrecken. Auch der alle Hemdglonkerumzüge begleitende Lärm, die so genannte Katzenmusik, wird als Abwehr gegen diese Geister gewertet.

Spanien gilt als das lauteste Land Europas. Wo Deutsche Lärm als Belästigung empfinden, blühen die Spanier erst richtig auf. Ihrer Meinung nach ist dort wo Lärm ist auch Leben. Demnach liegt der Schwerpunkt dieser »Culturamova« auf dem musikalischen Beitrag während des Umzuges. Gemeinsam ausgerüstet mit lärmenden Instrumenten wie Ratschen, Topfdeckeln oder Kastagnetten, ziehen die Teilnehmer der »Culturamova« durch die Gassen. Im Anschluss besteht die Möglichkeit den Abend beim legendären Hemdglonkerball ausklingen zu lassen.

f) Wattwanderung

Das Wattenmeer, das sich von den Niederlanden über Deutschland bis nach

Dänemark erstreckt, wird weltweit als einzigartig bezeichnet. Auch in Spanien gibt es Meer, doch wird dessen Rhythmus nicht von den Gezeiten bestimmt. Bei Ebbe lädt das deutsche Wattenmeer zu ereignisreichen Wanderungen ein.

Die »Culturamova« wird von einem Mitglied des »entre dos aguas«-Teams geführt, das ausreichend Erfahrungen mit Wattwanderungen hat und sichere Bereiche in der Nordsee kennt. Im Fokus steht die Erkundung der einzigartigen Tier- und Pflanzenwelt des Wattenmeers. Ziel ist es die Unterschiede und Besonderheiten der spanischen und deutschen Naturlandschaft den Teilnehmern der »Culturamova« zu verdeutlichen.

5.7 Zielgruppen spezifische Gestaltungselemente

Einen ergänzenden Motivationsfaktor für den Nutzer von »entre dos aguas« geben die einzigartigen Bilderwelten, bei denen sommerliche Anmutungen und kräftige Farben (vgl. Kapitel 4.4.1) im Vordergrund stehen. Interaktive Elemente, unterstützt durch entsprechende Geräusche, unterstreichen die Funktion der Bilderwelten. Beides sollte jedoch nur dezent eingesetzt werden, um die Übersichtlichkeit der Website zu erhalten.

Bei der Menüführung und der Verwendung von weiteren Links ist ebenfalls zu beachten, dass die Zielgruppe nur eine beschränkte Anzahl an Alternativen und Wahlmöglichkeiten bevorzugt (vgl. Kapitel 4.4.1). Darüber hinaus sollten visuelle Orientierungshilfen im Bezug auf die Menüführung vorhanden sein.

Auf der Website können kostenlos Nutzerprofile in Form eines Steckbriefs angelegt werden. Die Nutzerprofile sind nur für registrierte Mitglieder der Community sichtbar. Die Registrierung erfolgt auf Einladung durch andere Mitglieder der Community, wodurch das Gefühl Teil eines elitären Zirkels zu sein bewirkt wird (vgl. Kapitel 3.2.1). Zudem wird durch diese Einschränkung die Verbreitung der Community innerhalb der anvisierten Zielgruppe (zumindest in der Start-Up-Phase) gewährleistet.

5.8 Mögliche Werbebanner

Laut der Ergebnisse der NetObserver-Studie im Jahre 2006 hilft zwei Drittel der Spanier Online-Werbung dabei neue Produkte und Dienstleistungen kennen zu lernen und ihre Kaufentscheidung zu unterstützen (vgl. Novatris). Aufgrund der wechselnden »Culturamovas« bieten sich Werbemaßnahmen für Nischenprodukte wie Laternen, Glühwein, Bollerwagen etc. an. Banner für Angebote wie Deutschkurse und andere Dienstleistungen, welche die

Integration der spanischen »Neuankömmlinge« fördern, könnten auf der Website ebenfalls integriert werden. Zudem hat meine Umfrage (vgl. Kapitel 4.4.1) gezeigt, dass besonders die Nachfrage nach Lebensmitteln der heimatlichen Küche sehr stark ist, weshalb sich die Online-Community für Anbieter aller Art von Produkten und Dienstleistungen rund um das Thema »Spanische Küche« als Werbeplattform anbietet.

Wichtig dabei ist, dass nur Werbemaßnahmen für Produkte und Dienstleistungen getätigt werden, die in Deutschland oder online erhältlich sind sowie nach Deutschland geliefert werden.

5.9 Werbemaßnahmen für die Online-Community

Da es sich bei meiner anvisierten Zielgruppe, um einen eingegrenzten Personenkreis handelt, erhoffe ich mir bei der Veröffentlichung der Website ein so genanntes »Schneeball-Prinzip«, bei dem sich Spanier untereinander durch »Mund-zu-Mund Propaganda« für die Online-Community anwerben.

Außerdem sollten spanische Institutionen wie »el Instituto Cervantes« oder spanische Vereine auf die Website aufmerksam gemacht werden.

Darüber hinaus werben durch die Empfehlungsemail im Bereich »Culturamova« Mitglieder der Community neue Mitglieder, wodurch der Bekanntheitsgrad von »entre dos aguas.de« noch weiter steigt.

Nach einer erfolgreichen Etablierung auf dem Online-Markt können auch Werbemaßnahmen in weiteren Presseportalen oder Marketing-Fachzeitschriften wie »Werben & Verkaufen« in Betracht gezogen werden um Interessen für die Schaltung von Werbebannern auf der Website von »entre dos aguas.de« zu gewinnen. Zunächst hat jedoch der Aufbau einer Community und die Akquise von potenziellen Mitgliedern die höchste Priorität.

6. Corporate Design der Online-Community

Das Corporate Design der Online-Community »entre dos aguas« vermittelt durch ein homogenes visuelles Erscheinungsbild die durch eine spanische Mentalität geprägt Unternehmenspersönlichkeit. Im Fokus stehen die Begriffe Gemeinschaft, Gastfreundlichkeit, Humor und Sommer.

Das Corporate Design wird durch Gestaltungskonstanten wie Logo, Gestaltungsraster, Farben, Schriften und individuell zugeschnittene Bilderwelten transportiert, deren Funktion und Symbolik in diesem Kapitel im einzelnen benannt werden.

6.1 Logo

Das Logo der Online-Community »entre dos aguas« (vgl. Abb. 14) visualisiert durch das Aufgreifen der Kreisform die Funktion des Portals als Gemeinschaft. Zudem deutet die Formgebung auf zwei verschiedene Kulturkreise hin – Deutschland und Spanien – mit denen sich die Zielgruppe verbunden fühlt und die gleichermaßen Einfluss auf ihre Wertevorstellungen und ihr Verhalten nehmen.

Die Verwendung der spanischen Nationalfarben Rot und Gelb verweist zusätzlich auf die spanischen Wurzeln, die alle Mitglieder der Zielgruppe gemeinsam haben.

Die Farbe Orange hingegen befindet sich auf dem Farbkreis zwischen Rot und Gelb. Dies lässt sich ebenfalls auf die Situation der Zielgruppe übertragen, die sich zwischen zwei Kulturkreisen befindet. Unterstützt wird die genannte Bedeutung im Schriftzug des Logos, wobei das Wort »entre« (dt. »zwischen«) ebenfalls orange hervorgehoben wird.

Insgesamt kann das Logo eigenständig positioniert werden. Es integriert sich jedoch auch optimal in die Bilderwelten der Website der Online-Community »entre dos aguas«.

Abb. 14
Logo der Online-Community »entre dos aguas«

6.2 Gestaltungsraster

Der Grundraster (vgl. Abb. 15) teilt sich in drei Bereiche: Header, Content und Footer, wobei der Header eine feste Höhe von 280 px und der Footer von 50 px aufweist. Der Bereich dazwischen (Content) hat eine festen Breite von 515 px und variiert in der Höhe je nach Quantität des Inhalts. Das Gesamtformat der Online-Community »entre dos aguas« ist für eine Bildschirmauflösung von 1024 x 768 Pixel optimiert. Überschreitet demnach der Content die vorgegebene Gesamthöhe, erweitert sich die Seite nach unten. Nicht angezeigte Bereiche können durch den Scollbalken des Browsers ins Sichtfenster gebracht werden. Der Abstand zwischen Footer und Content hat eine fest Höhe von 80 px. Unten rechts im Header befindet sich das Logo der Online-Community »entre dos aguas«. Die Hauptnavigation ist auf der linken Seite zwischen Header und Footer platziert, wobei 60 px in den Headbereich hinein ragen. Die Subnavigation befindet sich über dem Content und grenzt an den Header.

Der Fließtext ist auf einer transparent-gelben Flächen (20 Prozent Gelb) abgesetzt, auf der auch Bilder positioniert werden können. Die Höhe der Fläche passt sich an den Umfang des Inhaltes an. Weitere Bilder von beispielsweise Teasern werden eigenständig im Contentbereich platziert. Sie sind von einem weißen Rahmen mit der Konturstärke von 9 px eingefasst und werden mit Klebeband virtuell auf dem Holzuntergrund fixiert.

Das Gesamtlayout der Online-Community »entre dos aguas« unterliegt des Weiteren vier Unterrastern, die sich ausschließlich in der Aufteilung des Contentbereichs unterscheiden.

Abb. 15
Grundgestaltungsraster

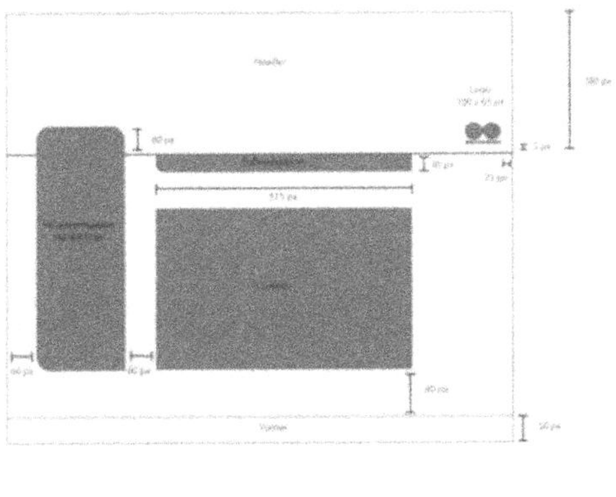

47

Im ersten Unterraster (vgl. Abb. 16) werden ein Bild und eine beliebig umfangreiche Textmenge positioniert. Das Bild hat eine feste Höhe von 250 px und eine Breite von 515 px. Der Abstand zwischen Bild und Textfläche beträgt 30 px. Die Hauptüberschrift befindet sich über dem Bild und ist mit dem Text innerhalb der Fläche bündig. Der Abstand zwischen Header und Bild ist 160 px. Dieser Raster findet beispielsweise Verwendung in der Kategorie »Events« oder im Blogbereich der »Culturamova«.

Der zweite Unterraster (vgl. Abb. 16), der nur in der Rubrik »Community« verwendet wird, orientiert sich an der Aufteilung des ersten. Mit einer Bildhöhe von 580 px und einer Breite des Bildrahmens von 90 px im unteren Bereich unterscheidet sich das Bildformat jedoch vom ersten Raster, da es sich bei der Darstellung des Profilbildes um ein Polaroid-Foto handelt. Zudem beträgt der Abstand vom Bild zum Header nur 105 px.

Abb. 16
Unterraster 01 | Unterraster 02

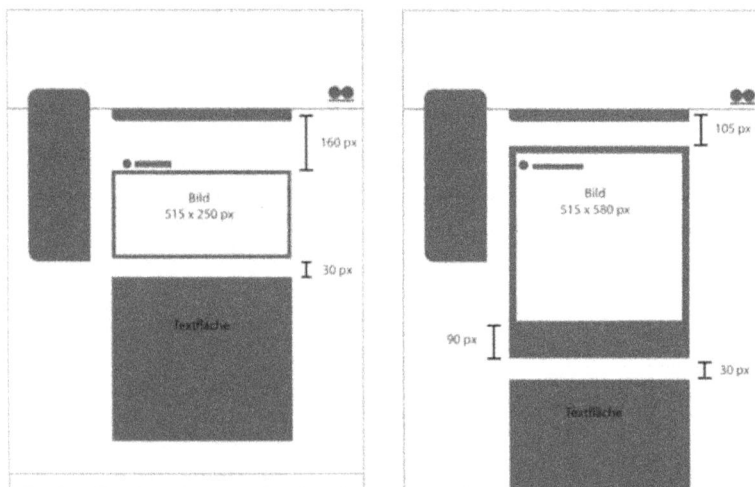

Die Auflistung der aktuellen »Culturamovas« unterliegt wiederum einem dritten Unterraster (vgl. Abb. 17). Der Abstand zwischen Header und Content beträgt 80 px. Der Content beginnt zunächst mit einer Textfläche, innerhalb der die Headline positioniert ist. Darunter befindet sich ein Bild mit der Höhe von 250 px, gefolgt von einer 130 px hohen Textfläche. Alle weiteren Bilder haben eine Höhe von 130 px. Der Abstand zwischen Bild und Textflächen, die thematisch zusammen gehören, beträgt 30 px. Im Gegensatz hierzu werden unterschiedliche Themen zusätzlich optisch durch einen größeren Abstand (70 px) von einander getrennt.

Der vierte Unterraster (vgl. Abb. 17) im Bereich »Archiv« basiert im Bezug auf die Verwendung der Abstände zwischen Bild und Textfläche auf dem dritten Gestaltungsraster. Der Contentbereich (vgl. Abb. 28) steigt jedoch mit der Hauptüberschrift sowie mit einem Bild gefolgt von einer Textfläche ein. Der Abstand zwischen Header und Content beträgt 160 px. Zudem haben alle Bilder die selbe Höhe von 250 px und Textflächen von 180 px.

Abb. 17
Unterraster 03 | Unterraster 04

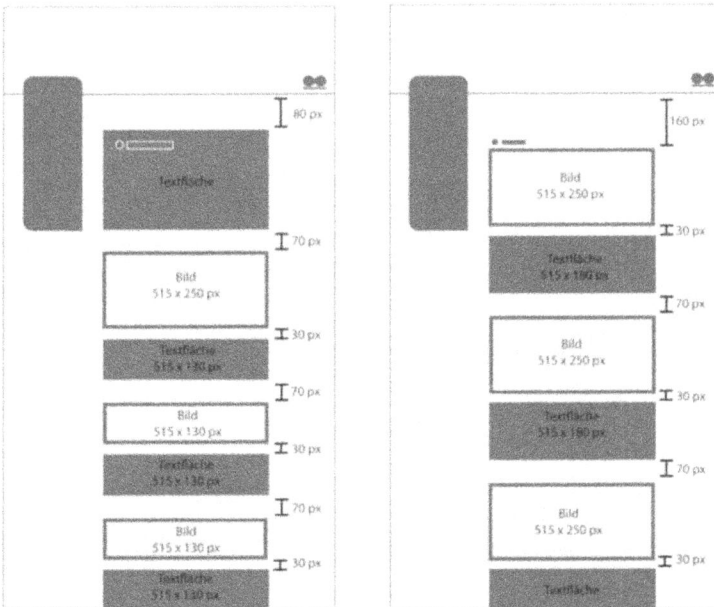

49

6.2.1 Navigation

Sowohl die Hauptnavigation als auch die Subnavigationen befinden sich auf einer transparent-gelben Fläche.

Die vertikal ausgerichtete Hauptnavigation (vgl. Abb. 18) besteht aus zwei Kategorieebenen und klappt sich bei der Anwahl einer Hauptkategorie (Über uns, Community, Culturamova und Events) aus. Die Menüpunkte sind nach unten erweiterbar. Der Zeilenabstand zwischen den Menüpunkten der ersten Ebene beträgt 16 bzw. 9 px bei der Zweiten.

Zudem sind für eingeloggte Mitglieder der Community die Menüpunkte »Logout« und »Chat« permanent aktiv. Letzteres ermöglicht ein schnelles und sicheres Verlassen des Portals.

Die Subnavigation (vgl. Abb. 19), die waagerecht ausgerichtet ist, besteht nur aus einer Ebene und ist ebenfalls nach rechts erweiterbar. Innerhalb der Funktion »Nachrichten« bzw. »Blog« kann durch ein weiteres vertikal angeordnetes Submenü (vgl. Abb. 20) navigiert werden. Der Zeilenabstand zwischen diesen Menüpunkten beträgt 20 px.

Zum »Impressum« der Online-Community gelangt der Nutzer über einen Link im Footer.

Abb. 18
Hauptnavigation
im Bereich »Über uns«

Abb. 19
Subnavigation im Bereich »Über uns«

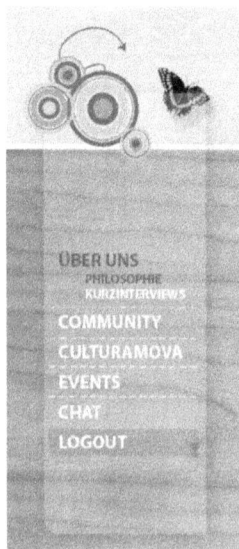

Abb. 20
Navigation innerhalb des Profils

6.2.2 Orientierungshilfen

Jeder Kategorie wird eine Kreiskomposition (vgl. Abb. 21) zugeordnet. Diese findet sich auf der jeweiligen Seite oberhalb der Hauptnavigation wieder, wobei jeweils der größte Kreis der angewählten Kategorie zugeordnet ist. Die Kreiskompositionen rotieren im Uhrzeigersinn (vgl. Abb. 22).

Des Weiteren wird die Kreisform, welche die Funktion als Gemeinschaft und den Zusammenhalt innerhalb der Community visualisiert, neben der Hauptüberschrift der jeweiligen Seite positioniert (vgl. Abb. 23).

Abb. 21
Kreiskomposition der jeweiligen Kategorie

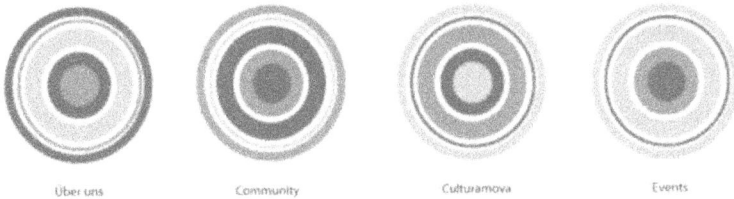

Über uns   Community   Culturamova   Events

Abb. 22
Kreiskomposition bei
Hauptnavigation | Culturamova

Abb. 23
Hauptüberschrift | Culturamova Archiv

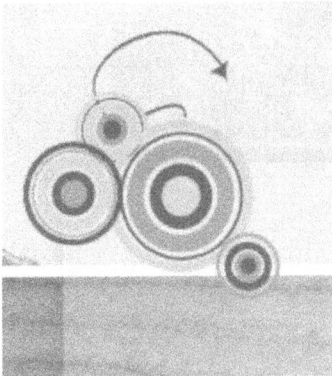

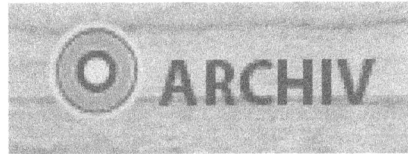

6.3 Farben in Grafiken

Die Farbwahl der grafischen Elemente ist ein Ergebnis meiner Online-Umfrage (vgl. Kapitel 4.4), wonach die Teilnehmer sommerliche Anmutungen und kräftige Farben präferierten. Die Bedeutung der Farben lässt sich im Gesamtzusammenhang mit anderen Gestaltungselementen, wie dem Logo oder den Bilderwelten, erkennen. So greifen die Farben Gelb und Rot, wie auch im Logo die spanischen Nationalfarben auf, wohingegen die Farbe Orange das »Zwischen-zwei-Kulturen-stehen« verdeutlicht. Gestaltungselemente, die besonders hervorgehoben werden, werden in der Farbe Blau mit gelbem Rand abgesetzt. Dadurch wird ein Bezug zum Meer und zur Sonne an der spanischen Küste hergestellt (vgl. Abb. 24).

Rahmen von Bildern oder Trennlinien sind vorzugsweise weiß und heben diese Elemente besonders hervor.

Abb. 24
Störer für Culturamova Hemdglonker

6.4 Schriften

Schriftschnitte

Im Bereich der Sub- und Hauptnavigation sowie der Hauptüberschrift wird der Schriftschnitt Myriad bold in Versalien benutzt.

Die Schrift Arial bzw. Arial bold kommt in Fließtext und Textauszeichnungen zum Einsatz. Für die Headline im Störer findet der Font Commercial Script Regular Verwendung.

Schriftgrößen

Im Wesentlichen werden vier Schriftgrößen für die Gestaltung der Homepage verwendet: 12, 14, 16 und 20 px.

Die Navigation ist in drei Ebenen unterteilt, wobei die Schriftgrößen 20 px und 14 px in der senkrechten Hauptnavigation und 12 px in der waagerechten Subnavigation gewählt wurden.

Für den Fließtext ist eine Mindestgröße von 12 px und für die dazugehörigen Headlines von 16 px festgelegt. Die Zeilenhöhe beträgt 15 px. Headlines in Fließtext werden zusätzlich mit einem fetten Schnitt ausgezeichnet. Die Headline des Störers hat eine maximale Größe von 20 px.

Einsatz von Farben

Der Fließtext ist in der Farbe Rot auf einen transparent-gelben Hintergrund abgesetzt. Die Hauptüberschriften sind ebenfalls in Rot ausgezeichnet. In den Navigationen sind die einzelnen Kategorien in weiß gehalten, wobei eine aktive Auswahl in die Farbe Rot wechselt. Die Schriften des Störers werden durch eine Auszeichnung in weiß auf blauem Grund hervorgehoben.

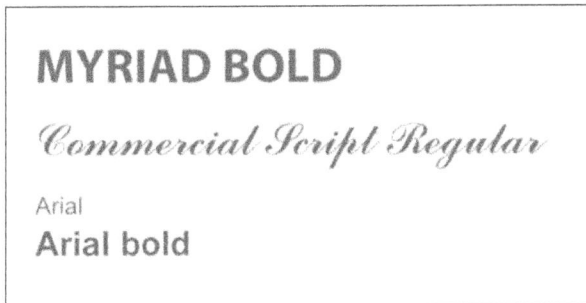

Abb. 25
Schriften

Schriftwahl

Die Schrift *Myriad* eignet sich optimal für das Corporate Design der Online-Community »entre dos aguas«, da sie sowohl digital als auch im Printbereich (von der Visitenkarte bis hin zu großflächigen Plakaten) anwendbar ist. Sie zeichnet sich durch einen Strichstärken-Kontrast aus. Zudem sind die Oberlängen der Gemeinen (l, h, f etc.) höher als die der Versalien. Der Font selbst vermittelt Seriosität und Charakter.

Auf der Website findet der Font Myriad Verwendung in Form von Versalien innerhalb der Navigationen und als Hauptheadline. Insgesamt wirkt sie sehr plakativ und fügt sich perfekt in das Gesamtbild der Website ein. Ausschließlich im Schriftzug des Logos werden Minuskeln eingesetzt, deren Formgebung die Rundungen des Signets unterstreichen.

Im Fließtext wird die Schrift *Arial* eingesetzt. Ihre Verwendung ist aus technischen Gründen notwendig, da es sich hierbei um die verbreitetste Systemschrift handelt, welche standardmäßig bei Systemprogrammen wie beispielsweise Microsoft Windows mitgeliefert wird. Die Grotesk Arial wurde aus der Helvetica speziell für den Online-Bereich entwickelt. Sie garantiert eine optimale Lesbarkeit der Websiteinhalte.

Der Font *Commercial Script* ist eine klassische Schreibschrift. Die Großbuchstaben sind verschnörkelt gestaltet, die Kleinbuchstaben lassen sich wie bei einer echten Handschrift verbinden.

Innerhalb der Online-Community »entre dos aguas« wird sie ausschließlich als Headline in Störern verwendet. Häufig sind es Aufforderungen an die Mitglieder der Community, welche durch die Verwendung der Schreibschrift einen persönlichen Charakter erhalten. Zugleich hebt sich die Commercial Script von den Groteskschriften ab, wodurch sie vom Betracher zuerst wahrgenommen wird.

6.5 Textblöcke

Die Textblöcke (vgl. Abb. 26) auf der Website »entre dos aguas« haben eine Breite von min. 30 und max. 40 Anschlägen, wodurch sich ein 275 px breiter Textrahmen ergibt. Teaser im Bereich »Culturamova« laufen mit min. 50 max. 60 Anschlägen (Textrahmen 375 px) etwas breiter.

Durch diese Gestaltung kann eine gute Lesbarkeit der Inhalte garantiert werden. Die Textblöcke werden in Form des Flattersatzes ausgerichtet, der linksbündig ist.

Abb. 26
Textblöcke

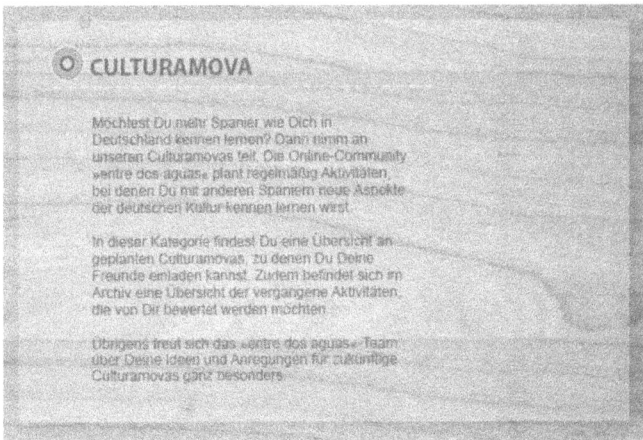

6.6 Bilderwelten

Die Gestaltung der Website »entre dos aguas« kann in zwei Bereiche unterteilt werden: Im Kopfbereich wird ein spanischer Sommerhimmel illustriert (vgl. Abb. 27). Dieser enthält in jeder Rubrik unterschiedliche interaktive Elemente, die an Sommer und Spanien erinnern. Der untere Bereich der Website hingegen besteht aus einem Holzbrett, Bildern sowie transparent-gelben Flächen. Besonders das Holz, ein natürlicher Rohstoff der in spanischen Haushalten vielseitig verwendet wird, gibt der Gesamtgestaltung eine warme freundliche Anmutung. Auch hier sind teilweise interaktive Elemente, die in jeder Kategorie variieren, integriert.

Zudem entsteht der Eindruck, dass das Brett die Welt hinter sich von dem Betrachter trennt, wodurch auf die Situation der Zielgruppe Bezug genommen wird, die sich gegenwärtig in Deutschland befindet. Spanien ist für sie nur virtuell über das Internet erreichbar.

Bei der Auswahl der Bilder in der Kategorie »Culturamova« für entsprechenden Teaser wird darauf geachtet, dass sich diese von der Anmutung her in das Gesamtbild einfügen.

Abb. 27
Bilderwelten

Bilder und Videos im Blogbereich werden von den Mitgliedern der Community selbstständig eingefügt und unterliegen dementsprechend keinen Gestaltungsrichtlinien.

6.6.1 »Über uns«

Die Startseite (vgl. Abb. 28) der Community informiert den Nutzer über die Philosophie, die hinter dieser Plattform steht. Für Nicht-Mitglieder sind ausschließlich die Rubriken »Über uns«, »Culturamovas« und »Events« zugänglich. Der Bereich »Community« erfordert eine registerungspflichtige Mitgliedschaft, die nur auf Einladung von »entre dos aguas«-Mitgliedern erfolgt.

Abb. 28
Startseite | Philosophie

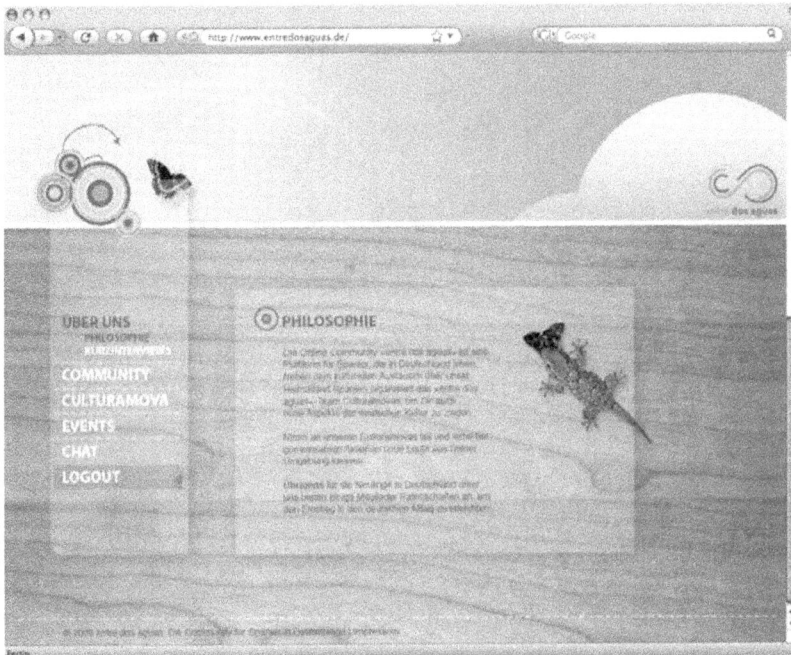

In »Über uns« wird zudem das »entre dos aguas«-Team vorgestellt. In Kurz-Interviews (vgl. Abb. 29) erzählen die spanischen Moderatoren wie sie mit der Identität zweier Kulturen in Deutschland umgehen. Zudem geben sie Preis, an welchen »Culturamovas« sie bisher teilgenommen haben und welche neuen Erfahrungen sie durch diese sammeln konnten (vgl. Abb. 30).

Bestandteil der Bildwelt in dieser Kategorie ist ein Gecko, der auf Schmetterlingsjagd geht. Der Nutzer kann bei längerer Verweildauer in »Über uns« mitverfolgen wie das Reptil einen gefangenen Schmetterling verspeist. Unterstützt wird diese Szene durch leise Schmatzgeräusche des Tieres.

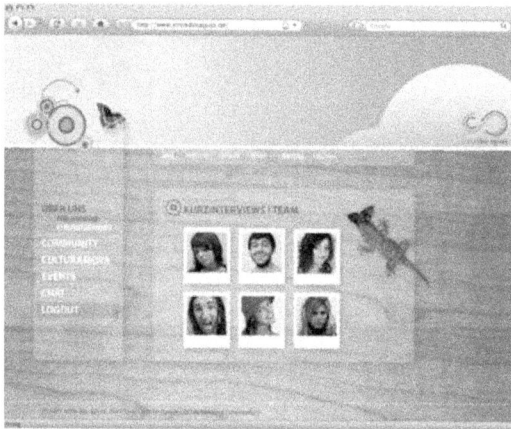

Abb. 29
Über uns
Kurzinterviews

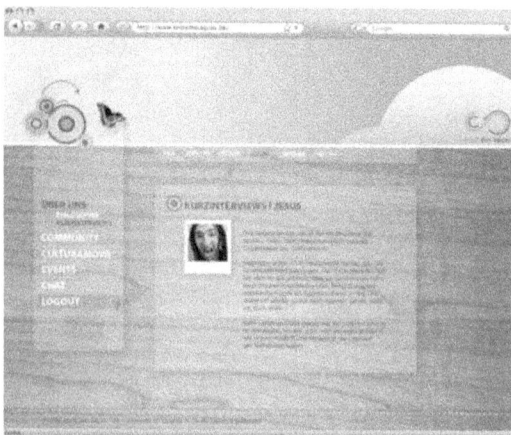

Abb.30
Über uns
Kurzinterview Jesús

6.6.2 »Community«

Der Einstieg in die Community ist ein Login-Bereich (vgl. Abb. 31). Der Link »Möchtest Du rein?« (erklärt Nicht-Mitgliedern unter welchen Voraussetzungen die Nutzung des Communitybereichs möglich ist.

Die Rubrik »Community« teil sich in die drei Unterbereiche »Mein Profil«, »Freunde suchen« und »Patenschaften«. Nach der Anmeldung gelangt der Nutzer automatisch zur Übersichtsseite »Meine News« (vgl. Abb. 32) seines Profils, auf der angezeigt wird, ob neue Nachrichten vorliegen oder ob Freundschaften sowie Patenschaften bestätigt werden können. In diesem Bereich wird ebenfalls die zeitlich nächste »Culturamova« angekündigt.

Des Weiteren enthält das Profil die Unterbereiche »Über mich«, »Meine Freunde« und »Nachrichten«.

Im Bereich »Über mich« (vgl. Abb. 33) wann ein kostenloses Nutzerprofile in Form eines Steckbriefs angelegt und editiert werden. Wird kein Profilfoto hochgeladen, erscheint ein Platzhalter in Form einer roten Fläche mit der weißen Silhouette des »entre dos aguas« Logos. Der Platzhalter wird mit

Abb. 31
Community | Login-Bereich

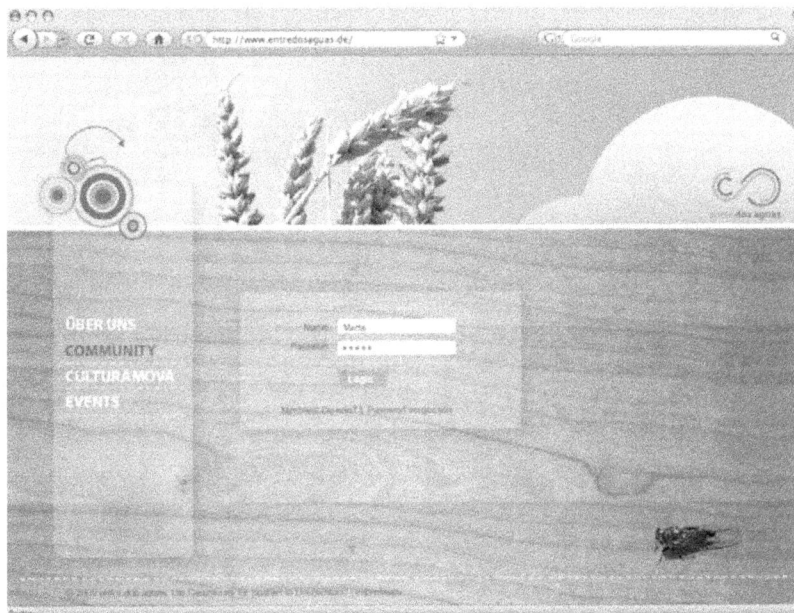

einer geringeren Höhe als das Polaroidfoto dargestellt. Für die Nutzer von besonderem Interesse ist innerhalb des Steckbriefs die Angabe über die persönliche Herkunftsgeschichte. Sie können an dieser Stelle nach eigenem Belieben Auskunft darüber geben, ob sie in Deutschland geboren wurden oder wie sie selbst und/oder ihre Familie nach Deutschland kamen. Von Beachtung für einige Nutzer der Community sind ebenfalls die Angaben über Wohnort und kulturelle Interessen. Der Wohnort wird durch eine entsprechende Markierung auf der Deutschlandkarte visuell unterstützt. So können Nutzer erkennen, ob andere Mitglieder in der Nähe ihrer Stadt wohnen.

Deutsch-Spanier zweiter und dritter Generation können eine Patenschaft für spanische »Neuankömmlinge« übernehmen, um diesen in der ersten Zeit in Deutschland, beispielsweise bei Ämtergängen oder weiteren Problemen im deutschen Alltag, zu unterstützen. Im Nutzerprofil wird demnach angegeben, ob Bedarf an einem Paten besteht oder ob Patenschaften generell übernommen werden. Des Weiteren können diese Informationen auch in einer Gesamtübersicht der Paten bzw. Patenkinder im Bereich »Patenschaften« eingesehen werden.

Abb. 32
Community | Meine News

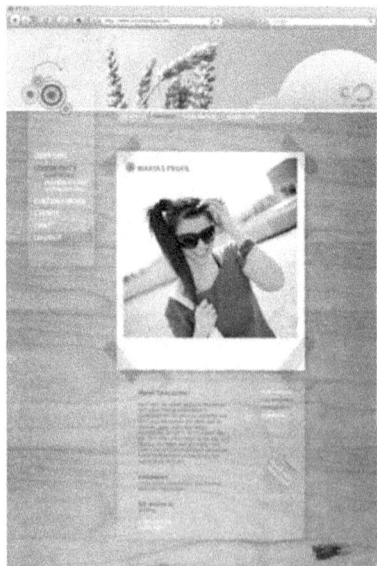

Abb. 33
Community | Über mich

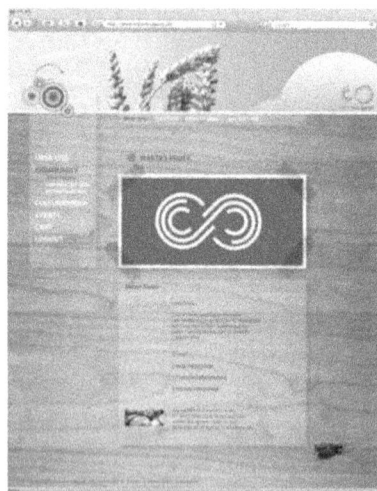

Eine weitere Besonderheit findet sich im Bereich der Freundschaftsüber-
sicht (vgl. Abb. 34). Die einzeln auf Polaroidfotos abgelichteten Freunde sind
an einem roten Band aufgereiht, an dem sie durch Wäscheklammern befestigt
werden. Diese Darstellung unterstützt das Gefühl der Verbundenheit unter den
Mitgliedern der Community.

Der Austausch untereinander erfolgt u. a. über die Funktion »Nachrichten«
(vgl. Abb. 35), welche es den Mitgliedern ermöglicht Mitteilungen an andere Mitglieder der Community zu senden und auch zu empfangen. Im Ein-
stiegsbereich lässt sich zwischen den Optionen »erhaltenen« und »gesendeten
Nachrichten« wählen.

Im weiteren Verlauf gibt es die Möglichkeit im Bereich »gesendete
Nachrichten« die Mitteilung zu lesen, weiterzuleiten oder zu löschen. Die
Funktion »erhaltene Nachrichten« beinhaltet zudem eine Antwortoption.

Abb. 34
Community I Freunde

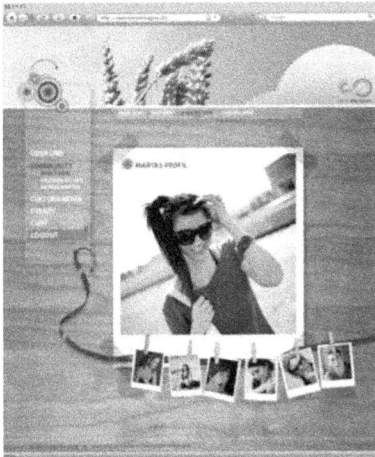

Abb. 35
Community I Nachrichten

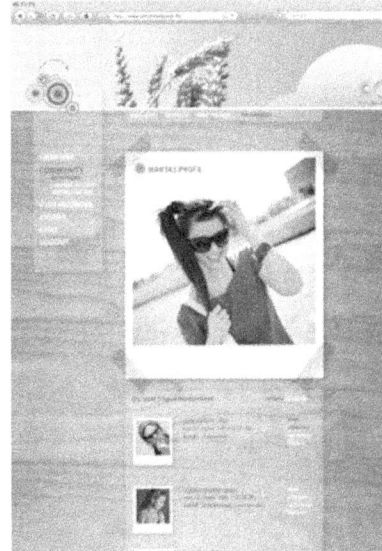

Des Weiteren bietet die Funktion Live-Chats (vgl. Abb. 36) zusätzlich die Gelegenheit mit einer oder mehr Personen gleichzeitig zu kommunizieren. Die genannte Funktion ist, nach erfolgreicher Anmeldung innerhalb der Website, in allen Rubriken im Hauptmenü permanent aktiv. Beim Erhalt einer Chat-Nachricht öffnet sich unten rechts eine transparent-gelbe Fläche, die bei ihrer Anwahl, um die Lesbarkeit des Textes zu gewährleisten, an Opakizität gewinnt.

Insgesamt zeichnet sich die Bilderwelt der Rubrik »Community« durch Getreideähren aus, die durch eine leichte Sommerbrise in Bewegung geraten. Die sommerliche Anmutung wird durch ein Grillengezirpe unterstrichen. Eines der Insekten befindet sich im unteren Bereich der Seite.

Abb. 36
Event I Chatfunktion

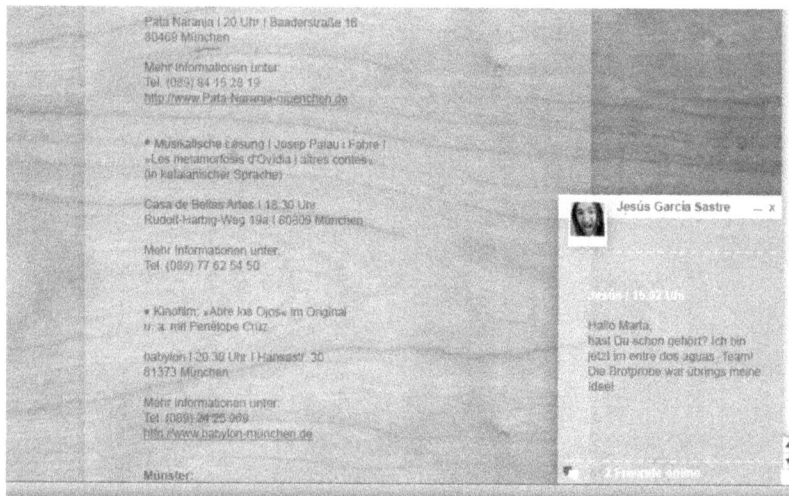

6.6.3 »Culturamova«

Die Hauptseite der Rubrik »Culturamova« (vgl. Abb. 37) gibt zunächst einen allgemeinen Einstieg über den Ablauf der Aktionen. Zudem werden geplante Aktivitäten in einer Gesamtübersicht vorgestellt. Ein thematisch angepasster Teaser und eine entsprechender Anreizertext stimmen auf die »Culturamova« ein. Die Culturamovas sind chronologisch geordnet, wobei der terminlich nächste »Culturamova« an erster Stelle steht. Das Bild des Teasers ist größer als die der folgenden Aktionen. Zusätzlich wird die Aktualität der Aktion durch einen Störer mit der Aufforderung »weiter-sagen« hervorgehoben.

Durch den Link »mehr Details« nach dem Anreizertext wird der Nutzer zur Detailseite der jeweiligen »Culturamova« geführt, der eine ausführliche Be-schreibung der Aktion beinhaltet. Zwischen den geplanten »Culturamovas« kann mit Hilfe der Thumbnails, unterhalb der Beschreibung, navigiert werden (vgl. Abb. 38).

Abb. 37
Culturamova | Aktuell

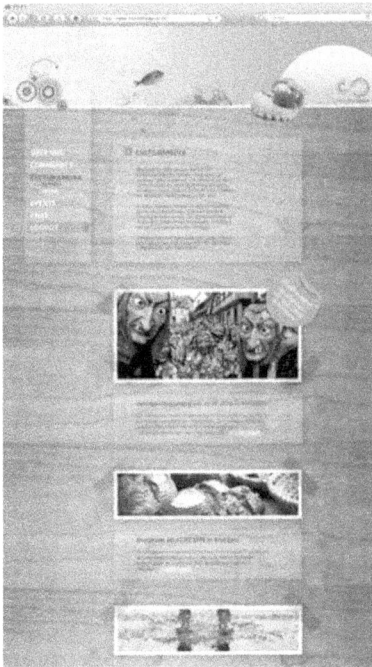

Abb. 38
Culturamova | Aktuell im Detail

Im Bereich »Blog« der geplanten Aktionen haben die Mitglieder der Community die Gelegenheit, die jeweilige »Culturamova« zu kommentieren und sich über die Plattform untereinander zu organisieren. Potenzielle Teilnehmer der Aktionen, die nicht Mitglieder der Community sind, können über eine Empfehlungsemail für die entsprechende »Culturamova« geworben werden. Dieser Dienst ist auch innerhalb der Online-Community möglich, um Freunde bei »entre dos aguas« auf die neue Aktion aufmerksam zu machen (vgl. Abb. 39).

Die Unterkategorie »Archiv« einhaltet ebenfalls eine Übersicht der durchgeführten »Culturamovas«, deren Details im »Blog« (vgl. Abb.40) eingesehen werden können.

Durch die Veröffentlichung von Fotos, Videos oder Erfahrungsberichten teilen Mitglieder der Community ihre gemeinsamen Erfahrungen. Dies gibt gleichzeitig neuen Mitgliedern einen Anreiz an kommenden »Culturamovas« aktiv mitzuwirken.

Abb. 39
Culturamova I Archiv

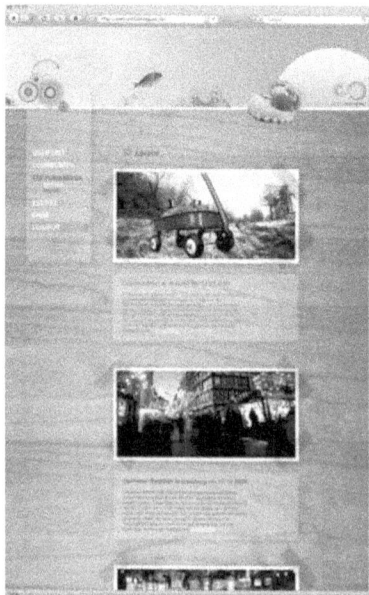

Abb. 40
Culturamova I Blog

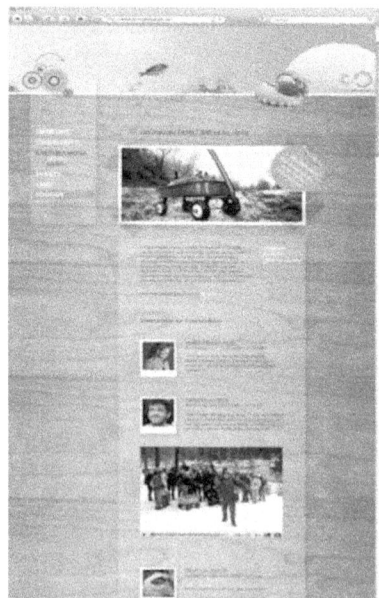

Die Funktion »Bewertung« gibt den Teilnehmern die Gelegenheit vergangene Aktionen zu beurteilen. Dadurch kann das »entre dos aguas«-Team überprüfen, welche Themen besonders gut aufgenommen wurden und kommende »Culturamovas« optimieren. Die Reihe der vorgegebenen »Culturamovas« ist beliebig erweiterbar. Das »entre dos aguas«-Team freut sich auf neue Vorschläge seitens der Mitglieder (vgl. Kapitel 4.4.1).

In den Bereichen »Aktuell« und »Archiv« wird zudem durch den Link zu einer visuelle Landkarte gezeigt in welcher Region Deutschlands die jeweilige Aktion stattfindet.

In der Bilderwelt der Rubrik »Culturamova« wird der mediterrane Aspekt Spaniens mit einbezogen. Neben einem Fisch der munter im Meer auf und ab springt, ist auf der Startseite der Kategorie ein Tintenfisch zu erkennen, der in einem unerwarteten Moment über die Holzmauer klettert. Ergänzend illustriert wird diese Szene durch ein Meeresrauschen und leises Plätschern.

Abb. 41
Culturamova | Visuelle Landkarte

6.6.4 »Events«

Die Rubrik »Events« (vgl. Abb. 41) gibt den Nutzern die Möglichkeit eigene Veranstaltungen in Deutschland bezogen auf die spanische Kultur zu veröffentlichen und die Mitglieder der Community dazu einzuladen. Diese Kategorie sollte zusätzlich vom »entre dos aguas«-Team gepflegt werden, das ebenfalls aktuelle Veranstaltungen bis zu drei Monate im Voraus ankündigt. Die einzelnen Veranstaltungen sind alphabetisch nach Städten geordnet. Außerdem ist an dieser Stelle ein Überblick von spanischen Vereinen in Deutschland und deren Programmen geplant.

Einen ersten Einstieg gibt ein Bild zweier Spanierinnen im traditionellen Flamenco-Kleid.

Die Bilderwelt der Rubrik »Events« besteht des Weiteren aus einer fliegenden Libelle, die sich einer gelben Sommerblume annähert. Zu hören sind neben dem Schlagen der Libellenflügel weitere Tiergeräusche von u. a. Vögeln, die an einen warmen Sommertag erinnern.

Abb. 42
Events I Veranstaltungen heute

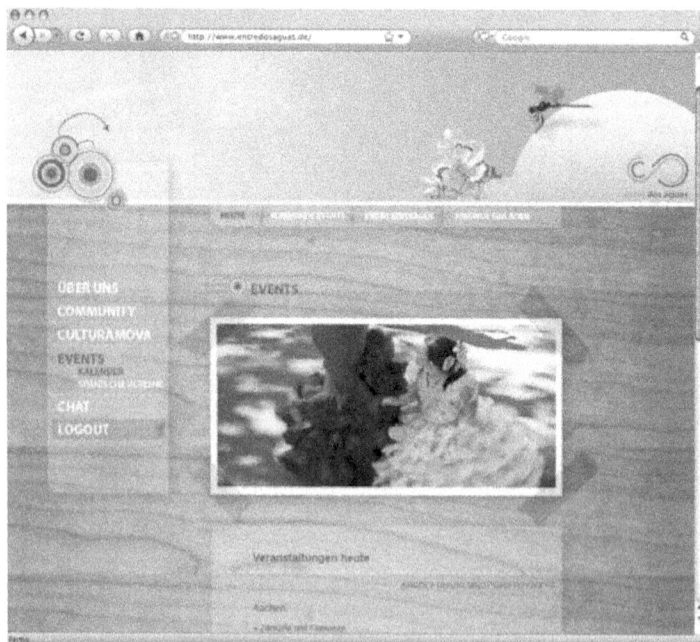

6.7 Planungsphasen der Implementierung

Zunächst soll eine Startversion umgesetzt werden, die folgende Inhalte berücksichtigt:

Exemplarische Kurzinterviews der Teammitglieder
*   Anlegen von Benutzerprofilen
*   Suchfunktion nach Mitgliedern über Auswahl der Stadt/ nach Namen
*   Bildung von Patenschaften
*   Funktion für private Nachrichten
*   Ankündigung von ersten »Culturamovas«
*   Blog
*   Funktion »Einladen«/ »Weiterempfehlen«
*   Eventkalender
*   Übersicht über Spanische Vereine

In nächsten Schritt sind folgende zusätzlichen Funktionen der Online-Community geplant:

*   Einbettung einer Landkarten mit Hilfe von »googlemaps« (bei Nutzer profil und »Culturamova«)
*   Chat
*   Bewerten der »Culturamovas«

6.8 Styleguide

Gestaltungsraster:
- Optimierung für eine Bildschirmauflösung von 1024 x 768 px
- Header: 280 x 1024 px
- Hauptnavigation: 180 x 470 px
- Subnavigation: 30 x 515 px
- Content: feste Breite von 515 px
- Höhe passt sich an Quantität des Inhalts an Abstand Content – Footer: 80 px
- Footer: 50 x 1024 px
- Logogröße: 100 x 65 px

Teaser
- Teaserbild: 515 x 250 px bzw. 515 x 130 px
- Bildrahmen: 9 px
- Text auf transparent-gelber Fläche (20 Prozent Transparenz) 515 x 180 px bzw. 515 x 130 px

Profil
- Bild: 515 x 580 px | unterer Rand 90 px, alle anderen 9 px

Navigation:
- Myriad Bold in Versalien | Farben: weiß (# HEX FFFFF) aktiv = rot (# HEX E01919)
- Hauptnavigation: 1. Ebene 20 px (Zeilenabstand 16 px)
- 2. Ebene 14 px (Zeilenabstand 9 px) Subnavigation: 12 px Menü innerhalb des Contentbereichs: 12 px (Zeilenabstand 20 px)

Text:
- Farbe: rot (# HEX E01919)
- Hauptüberschrift: Myriad bold in Versalien | 20 px
- Überschriften: Arial bold | 16 px
- Fließtext: Arial regular | 12 px (Zeilenabstand 15 px) auf transparent-gelber Fläche (20 Prozent Transparenz) mit einer festen Breite von 515 px; Höhe variiert mit Quantität des Contents zusätzliche Bilder

werden auf der Fläche platziert
- Überschrift im Störer: Commercial Script Regular I max. 20px

Textblöcke
- Allgemein: min. 30 Anschlägen bis max. 40 Anschlägen
  Textrahmen 275 px
- Teaser: min 50 Anschläge bis max. 50 Anschläge | Textrahmen 375 px

Farben in Grafiken
- Störer: blau mit gelben Rand (# HEX 16C0F8)
- weitere Elemente: rot (# HEX E01919), gelb (# HEX FDCC18) und
  orange (# HEX F1921F)
- Rahmen und Trennlinien: weiß (# HEX FFFFF)

Bilderwelten:
- Unternehmenspersönlichkeit ist geprägt von einer spanischen
  Mentalität wie Gastfreundlichkeit, Humor
- Kernaussage: Gemeinschaft, zwischen zwei Kulturen stehen einzelne
  Kategorien beinhalten
- interaktive Elemente mit sommerlicher Anmutung und Bezug
  zu Spanien

Literaturverzeichnis

Allgayer, Florian (2008): Serie – Ethnozielgruppen. In: Werben und Verkaufen, Ausgabe 4/2008 – 12/2008.

Auswärtiges Amt (2008): Spanien –Beziehungen zu Deutschland. URL: http://www.auswaertiges-amt.de/diplo/de/Laenderinformationen/Spanien/Bilateral.html [Stand: Mai 2008].

Auswärtiges Amt (2008): Interview Außenminister Steinmeier mit spanischer Nachrichtenagentur EFE im Vorfeld der deutsch-spanischen Regierungskonsultationen am 31.01.2008. URL: http://www.auswaertiges-amt.de/diplo/de/Infoservice/Presse/Interviews/2008/080131-SteinmeierEFE.html [Zugriff: 15. Oktober 2008].

Bierbach, Christine und Birken-Silverman, Gabriele (2003): Italienische und spanische Migranten in Südwestdeutschland -"vicini, ma diferentes". In: Jürgen Erfurt et al (Hg.): Mehrsprachigkeit und Migration. Ressourcen sozialer Identifikation. (Sprache, Mehrsprachigkeit und sozialer Wandel, 2). Frankfurt am Main. S. 77-99.

Breitenbach, Barbara (1982): Italiener und Spanier als Arbeitnehmer in der Bundesrepublik Deutschland. Eine vergleichende Untersuchung zur europäischen Arbeitsmigration. München.

Brenes García, Ana María (2006): Idioma – Cómo negociar con un español. In: ECOS de España y de Latinoamérica – Die Welt auf Spanisch, Ausgabe April 2006, S. 12ff.

Brockhaus (Hg.) (1990): Brockhaus-Enzyklopädie, Brockhaus, Bd. 11: It – Kip. Mannheim.

Cook, Jack und Finlayson, Mike (2005): The Impact of Cultural Diversity on Web Site Design. In: S.A.M. Advanced Management Journal, Vol. 70, No. 3, S. 15-23.

Deutsche Botschaft Panama (2007): Lateinamerikaner in Deutschland. URL: http://www.panama.diplo.de/Vertretung/panama/de/01/Lateinamerikaner_in_Deutschland_DownloadDaei,property=Daten.pdf [Zugriff: 11.10.2008].

Dirscherl, Klaus (2004): Tourismus und Arbeitsemigration. In: Bader, Wolfgang/ Olmos, Ignacio (Hg.) Deutsch-spanische Kulturbeziehungen im europäischen Kontext. Frankfurt am Main. S.285-305.

Duyar, A.: Ethno-Marketing – Zielgruppen, Konsumverhalten, Mediennutzung, In: Werben und Verkaufen Compact, Ausgabe 10/2007, S. 11-21.

Emmerling, Tanja (2007): Corporate Identity und ihre länderspezifischen Realisierungen. Deutscher Universitäts-Verlag. Wiesbaden.

Eßer, Paul (1997): Paella und Flamenco kamen nicht allein. Zur Integration von Portugiesen und Spaniern in Deutschland. URL: http://www.matices.de/16/16paella.htm [Zugriff: 14.10.2008].

Grein, Marion (2000): Landeskunde – Interkulturelle Kommunikation. In: Willkop, E.-M. (Hg.) Jahrbuch Sprachandragogik 1999/I: Landes- und Kulturkundliche Vermittlungsansätze.

Hackmann, Dietrich (Hg.) (2008): Angekommen...Bahnhof Köln-Deutz – Migrantengeschichten aus 40 Jahren. URL: http://www.angekommen.com/iberer/index.html [Zugriff: 03.10.2008].

Herbst, Dieter (2006): Corporate Identity: Aufbau einer einzigartigen Unternehmensidentität; Leitbild und Unternehmenskultur; Image messen, gestalten und überprüfen. Berlin.

Herbst, Dieter (2004): Corporate Identity. Berlin.

Hofstede, Geert (1991): Cultures and Organisations. Intercultural Cooperation and Ist Importance for survival. London.

Hofstede, Geert (1993): Culture's consequences: international differences in work-related values. Newbury Park, Kalifornien.

Hofstede, Geert (2002): Culture's consequences: comparing values, behaviors, institutions and organizations across nations. Thousand Oaks, Kalifornien.

Homann, Meike (2006): Zielgruppe Jugend im Fokus der Werbung. Verbale und visuelle Kodierungsstrategien jugendgerichteter Anzeigenwerbung in England, Deutschland und Spanien. Hamburg.

Isoplan (2005): Zuwanderungsgruppen – Spanier in Deutschland. URL: http://www.isoplan.de [Zugriff: 10.10.2008].

Kale, Sudhir (2006): Culture-specific Marketing Communications: An Analytical Approach. National University of Singapore.

Kazim, Hasnain (2006): Deutsche Firmen werben an Minderheiten vorbei. URL: http://www.spiegel.de/wirtschaft/0,1518,419477,00.html [Zugriff: 10.10.2008].

Kiefer, Sandra (1999): Kulturelle Identität. Sprache und soziale Netzwerke spanischer Migranten in Deutschland. Fallstudien im Raum Kehl. Diplomarbeit Universität Mannheim.

Koglin, Ilona (2007): Spiel ohne Grenzen, PAGE, Hamburg 04.2007, S.32-39.

König, Marianne (1999): Zweite Heimat Centro Español - Spanische Migranten in Mannheim. Magisterarbeit Universität Mannheim.

Kotler, Philip und Bliemel, Friedrich (2001): Marketing-Management: Analyse, Planung und Verwirklichung. Stuttgart.

Kotler, Philip u.a. (2003): Grundlagen des Marketing. München, S. 597f.

Kreienbrink, Axel (1997): Arbeitsmigration und Exil Spanier, Portugiesen und Lateinamerikaner in Deutschland.
URL: http://www.matices.de/16/16skreie.htm [Zugriff: 10.10.2008].

Montes Fernández, Antonia (2003): Die interkulturelle Dimension von Werbeanzeigen.
URL: http://accurapid.com/journal/24werbung.htm [Zugriff: 13.10.2008].

Motz, Karin (1999): Organisation, Sprache und kulturelle Identität der colonia española in der Stadt Stuttgart. Diplomarbeit Universität Mannheim.

Munoz Sanchez, Antonio (2004): Tagungsbeitrag: Von den Eigentümlichkeiten, aus einer Diktatur auszuwandern. Die spanische Arbeitsmigration in die Bundesrepublik Deutschland.
URL: http://www.angekommen.com/iberer/Doku/Doku.html
[Zugriff: 10.10.2008].

Novatris (2006): Fazit der 13. Erhebungswelle der NetObserver-Studie: große Unterschiede bei der europäischen Internet-Nutzung. Novatris News, Pressemitteilung September 2006.

Pfister, Sandra (2002): Ethno-Marketing – Die Seele umschmeicheln, Zeit Online. URL: http://www.zeit.de/2002/44/200244_ethno-market.xml
[Zugriff: 11.10.2008].

Schmidt-Fink, Ekkehart (2008): Ethnomarketing in Deutschland, Heinrich Böll Stiftung Berlin.
URL: http://www.migration-boell.de/web/integration/47_1101.asp
[Zugriff: 10.10.2008].

Thränhardt, Diedrich (2005): Spanische Elternvereine schaffen Sozialkapital: Selbsthilfe-Netzwerke und Integrationserfolg in Europa. In: Karin Weiss und Dietrich Thränhardt (Hg.), SelbstHilfe. Wie Migranten Netzwerke knüpfen und soziales Kapital schaffen. Freiburg im Breisgau. S. 93-110.

Waldeck, Bernd und Gosen, Carla (2007): Ethno Marketing in Germany. Paper presented at 1st International Conference on Strategie Development of the Baltic Sea Region (BSR). Tallin.

Weichselgartner, Viktoria (2008): Alles so schön bunt hier!, Die Süddeutsche Zeitung.
URL: http://www.sueddeutsche.de/leben/104/306067/text/print.html [Zugriff: 26.10.2008].

Weiß, Joachim (Hg.) (1996): Meyers Taschen Lexikon, B. I.- Taschenbuchverlag, Bd. 5: Gorg-Jani/ Bd. 6: Jank-Lau. Mannheim.

Wikipedia (2008): Villarriba und Villabajo.
URL:http://de.wikipedia.org/w/index.php?title=Villarriba_und_Villabajo&oldid=48541884 [Stand: 22.07.2008].

Anhang

Fragebogen: Spanier in Deutschland

1. Angaben über Ihre Person:
Alter ___   ☐ männlich   ☐ weiblich
Tätigkeit/Beruf :_____
Spanische Eltern: ☐ beide   ☐ Mutter   ☐ Vater
Familienstand :   ☐ ohne Partner   ☐ spanischer Partner
                ☐ deutscher Partner
☐ Partner anderer Nationalität, wenn ja welcher _____
☐ Anzahl der Kinder_____
Ich lebe in Deutschland seit _____ Jahren
Einkommen: ☐ <1000 Euro mtl. netto   ☐ <2000 Euro mtl. netto
            ☐ <4000 Euro mtl. netto   ☐ >4000 Euro mtl. netto

2. Meine Lieblingsfarbe ist:
☐ rot   ☐ orange   ☐ gelb   ☐ grün   ☐ blau   ☐ violett
☐ weiß   ☐ grau   ☐ schwarz   ☐ andere_____

3. Wenn in Geschäften spanische Produkte erhältlich sind, bevorzuge ich diese.
stimmt nicht   1 - 2 - 3 - 4 - 5   stimmt völlig

4. Ich kaufe spanische Produkte in den Bereichen:
☐ Kleidung   ☐ Nahrungsmittel   ☐ Kosmetik
☐ Elektronik   ☐ Haushaltsprodukte   ☐ keine
☐ andere_____

5. Ich schreibe Einkaufzettel:
stimmt nicht   1 - 2 - 3 - 4 - 5   stimmt völlig

6. Mich spricht Werbung an in der Spanier oder Spanien eine Rolle spielen.   ☐ ja   ☐ nein

7. Mir fallen Produkte in Deutschland auf für die auf spanisch geworben wird. ☐ nein ☐ ja, für welche_____

8. Mir gefällt Werbung, die folgende Eigenschaften hat:
☐ witzig ☐ freundlich ☐ sommerlich ☐ mit Kindern
☐ Familien ☐ fotorealistisch ☐ lllustriert ☐ sexy

9. Mir ist Werbung in Deutschland negativ aufgefallen.
☐ nein ☐ ja, folgender Werbespot: _____

10. Aktuelle Informationen erhalte ich durch:
☐ Spanische Medien ☐ Deutsche Medien ☐ beides
☐ keines von beiden

11. Meine Informationen beziehe ich hauptsächlich über:
☐ Radio ☐ TV ☐ Zeitung ☐ Internet
☐ andere_____

12. Ich hätte Interesse einer Online-Community beizutreten, in der ich aktuelle Informationen und Nachrichten zu folgenden Themen erhalte:

Aus/Über Deutschland		Aus/Über Spanien
☐	Kultur	☐
☐	Geschichte	☐
☐	Politik	☐
☐	Literatur	☐
☐	Musik	☐
☐	Filme	☐
☐	Urlaub/Reisen	☐
☐	Mode	☐
☐	Rezepte/Kochen	☐

....zudem interessieren mich Themen zu:

☐ Spanische Vereine   ☐ Deutschsprachkurse

☐ Sprachtandem   ☐ andere_____

13. Ich nutze das Internet...

☐ täglich   ☐ mehrmals die Woche   ☐ mehrmals im Monat

☐ kaum   ☐ nie

14. Ich nutze im Internet vorwiegend:

☐ Information   ☐ Online-Shops   ☐ Communities   ☐ Online-Spiele

☐ Gewinnspiele   ☐ Newsletter   ☐ Chat Rooms   ☐ Single-Börsen

15. Ich bin Mitglied in folgenden Internet-Communities:

☐ facebook   ☐ xing   ☐ studivz   ☐ myspace

☐ en-munich.de   ☐ en-stuttgart.de   ☐ deutsch-hispanisch.de

☐ andere_____

16. Ich nutze kostenpflichtige Premium-Mitgliedschaften, weil ich zusätzliche Leistungen in Anspruch nehme.

stimmt nicht   1 - 2 - 3 - 4 - 5   stimmt völlig

17. Ich bin registriertes Mitglied auf mindestens einem Onlineportal, um alle Leistungen in Anspruch nehmen zu können.

stimmt nicht   1 - 2 - 3 - 4 - 5   stimmt völlig

18. Mich stören Internetseiten, die unübersichtlich sind und zuviele Menüpunkte haben.

stimmt nicht   1 - 2 - 3 - 4 - 5   stimmt völlig

19. Mir ist wichtig zu wissen, welche Person/en und welches Anliegen hinter einem online Auftritt steht/stehen.

stimmt nicht   1 - 2 - 3 - 4 - 5   stimmt völlig

20. Mir ist es wichtig dem Webmaster Feedback zu seinem Auftritt und deren Inhalten geben zu können.

stimmt nicht   1 - 2 - 3 - 4 - 5   stimmt völlig

21. Ich traue nur offiziellen Unternehmen oder Organisationen.

stimmt nicht   1 - 2 - 3 - 4 - 5   stimmt völlig

22. Ich finde es gut, wenn Frauen Karriere machen.

stimmt nicht   1 - 2 - 3 - 4 - 5   stimmt völlig

23. Meine eigene Karriere ist mir wichtiger als die Nähe zu meiner Familie.

stimmt nicht   1 - 2 - 3 - 4 - 5   stimmt völlig

24. Der Ehemann ist das Familienoberhaupt und fällt die wichtigsten Entscheidungen.

stimmt nicht   1 - 2 - 3 - 4 - 5   stimmt völlig

25. Religion ist wichtig für mich.

stimmt nicht   1 - 2 - 3 - 4 - 5   stimmt völlig

26. Ich habe großen Respekt meinen Eltern gegenüber und beziehe sie bei meinen Entscheidungen mit ein.

stimmt nicht   1 - 2 - 3 - 4 - 5   stimmt völlig

27. Ich fühle mich als...

stimmt nicht   1 - 2 - 3 - 4 - 5   stimmt völlig

29. Von diesen Eigenschaften besitze ich selbst:

☐ Pünktlichkeit   ☐ Disziplin   ☐ Erfolg   ☐ Organisationstalent
☐ Fleiß   ☐ Genauigkeit

28. Typisch deutsche Eigenschaften sind für mich:

☐ Pünktlichkeit   ☐ Disziplin   ☐ Erfolg
☐ Organisationstalent   ☐ Fleiß   ☐ Genauigkeit

30. Bei Verabredungen mit Freunden bemühe ich mich um Pünktlichkeit.

stimmt nicht   1 - 2 - 3 - 4 - 5   stimmt völlig

31. Eine feste Beschäftigung und gesicherte Rente im Alter ist mir wichtig.

stimmt nicht   1 - 2 - 3 - 4 - 5   stimmt völlig

32. Ich fühle mich in Deutschland wie ein Fremder.

stimmt nicht   1 - 2 - 3 - 4 - 5   stimmt völlig

33. Ich telefoniere häufig mit Freunden und Familienangehörigen in Spanien.

stimmt nicht   1 - 2 - 3 - 4 - 5   stimmt völlig

34. Ich beabsichtige nach Spanien zurückzukehren.

stimmt nicht   1 - 2 - 3 - 4 - 5   stimmt völlig

35. Ich bin aktiv in folgenden Vereinen:

☐ Sportverein   ☐ Kulturverein   ☐ Politische Gruppen

☐ Religiöse Organisationen   ☐ Berufsverband

☐ Frauengruppen   ☐ andere_____

36. Ich verbinde folgende Symbole/ Begriffe mit Spanien:

☐ Stiere   ☐ Sommer ☐ Königsfamilie ☐ Tapas

☐ Sangria ☐ Flamenco   ☐ Kastagnetten ☐ Feste

☐ Kirche ☐ andere_____

Ergebnisse der Umfrage

Sprachwahl

Sprachwahl	spanisch	deutsch
Anzahl der Probanden	55	13
Prozent %	80,9	19,1

Angabe persönlicher Daten

Angabe persönliche Daten	ja	nein
Anzahl der Probanden	47	21
Prozent %	69,1	30,9

1. Frage | Altersstrukturen

Alter in Jahren	15 bis 20	21 bis 25	26 bis 30	31 bis 35	keine Angaben
Anzahl d. Probanden	1	32	27	7	1
Prozent %	1,5	47,0	39,7	10,3	1,5

1. Frage | Geschlechterverhältnis

Geschlecht	weiblich	männlich
Anzahl der Probanden	34	34
Prozent %	50,0	50,0

1. Frage | Tätigkeit oder Berufe
*Schule, Ausbildung, Studierende (26,5 Prozent)
**Au-Pair, Hausfrau, Kundendienst, Physik, Qualitätssicherung, Unternehmer, Wachdienst, Wirtschaftsingenieurwesen

Tätigkeit/ Beruf	Design	Ingenieurwesen	Lehrkräfte	Übersetzung	Sozialwesen
Anzahl d. Probanden	4	11	2	2	2
Prozent %	5,8	16,2	3	3	3

Tätigkeit/ Beruf	Tourismus	Einzelhandel	Ausbildung*	andere**	keine Angaben
Anzahl d. Probanden	7	4	20	9	7
Prozent %	10,3	5,8	29,4	13,2	10,3

1. Frage | Anteil spanischer Eltern

Spanische Eltern	beide	Mutter	Vater
Anzahl der Probanden	56	5	7
Prozent %	82,3	7,4	10,3

1. Frage | Nationalität des Partners
*Griechenland, Polen, Ex-Jugoslawien, Mazedonien jeweils eine Angabe

Familienstand	ledig	span. Partner	dt. Partner	Partner andere Nationalität*
Anzahl der Probanden	30	23	11	4
Prozent %	44,1	33,8	16,2	5,9

1. Frage | Anzahl der Kinder

Anzahl Kinder	0	1	2
Anzahl der Probanden	61	6	1
Prozent %	89,7	8,8	1,5

1. Frage | Aufenthaltsdauer in Jahren

Aufenthaltsdauer	< 1 Jahr	1 bis 5 J.	5 bis 9 J.	10 bis 19 J.	> 20 J.
Anzahl d. Probanden	11	28	3	4	22
Prozent %	16,2	41,2	4,4	5,9	32,3

1. Frage | Einkommen

Einkommen	< 1000 Euro mtl.netto	< 2000 Euro mtl.netto	< 4000 Euro mtl.netto	> 4000 Euro mtl.netto	keine Angaben
Anzahl d. Probanden	13	17	6	2	30
Prozent %	19,1	25,0	8,8	2,9	44,1

2. Frage | Lieblingsfarbe (insgesamt)

Farben insgesamt	rot	orange	gelb	grün	blau	violett	weiß	grau	schwarz	türkis	keine Angaben
Anzahl d. Probanden	17	5	5	10	15	2	2	0	6	1	5
Prozent %	25	7,3	7,3	14,7	22,1	2,9	2,9	0	8,8	1,5	7,4

2. Frage | Lieblingsfarbe (Männer)

Farben insgesamt	rot	orange	gelb	grün	blau	violett	weiß	grau	schwarz	keine Angaben
Anzahl d. Probanden	8	2	2	4	12	0	0	0	4	2
Prozent %	23,5	5,9	5,9	11,8	35,3	0	0	0	11,8	5,9

2. Frage | Lieblingsfarbe (Frauen)

Farben insgesamt	rot	orange	gelb	grün	blau	violett	weiß	grau	schwarz	türkis	keine Angaben
Anzahl d. Probanden	9	3	3	6	3	2	2	0	2	1	3
Prozent %	26,5	8,8	8,8	17,6	8,8	5,9	5,9	0	5,9	2,9	8,8

3. Frage | Vorliebe für spanische Produkte

Bewertung	stimmt nicht	stimmt eher nicht	neutral	stimmt eher	stimmt
Anzahl d. Probanden	8	7	21	18	14
Prozent %	11,8	10,3	30,9	26,5	20,6

4. Frage | Favorisierte Kategorien von spanischen Produkten

Kategorie	Kleidung	Nahrungsmittel	Kosmetik	Elektronik	Haushalts- produkte	keine Angaben
Anzahl d. Probanden	0	17	6	0	0	45
Prozent %	0	25	8,8	0	0	66,2

5. Frage | Verwendung von Einkaufszetteln

Bewertung	stimmt nicht	stimmt eher nicht	neutral	stimmt eher	stimmt
Anzahl d. Probanden	16	10	9	9	24
Prozent %	23,5	14,7	13,2	13,2	35,2

6. Frage | Bevorzugung von Spanien thematisierender Werbung

Antwort	ja	nein
Anzahl der Probanden	41	27
Prozent %	60,3	39,7

7. Frage | Wahrnehmung von Werbung in Deutschland für spanische Produkte
* San Miguel, SanLucar , L'Oreal, Oreo, Cola Cao, Urlaubsreisen, Spanischen Wochen bei Lidl und Aldi, Fairy Ultra (Spot: Villarriba und Villabajo)

Antwort	ja*	nein
Anzahl der Probanden	5	63
Prozent %	7,4	94,6

8. Frage | Präferenzen bei Werbung (insgesamt)

Eigenschaft	witzig	freundlich	sommerlich	mit Kindern	Familien
Anzahl d. Probanden	0	19	28	11	11
Prozent %	0	27,9	41,2	16,2	16,2

Eigenschaft	fotorealistisch	illustriert	sexy	keine Angaben
Anzahl d. Probanden	17	13	30	17
Prozent %	25,0	19,1	44.1	25,0

8. Frage | Präferenzen bei Werbung (Männer)

Eigenschaft	witzig	freundlich	sommerlich	mit Kindern	Familien
Anzahl d. Probanden	0	19	11	8	9
Prozent %	0	55,9	32,4	23,5	26,5

Eigenschaft	fotorealistisch	illustriert	sexy	keine Angaben
Anzahl d. Probanden	13	7	16	8
Prozent %	38,2	20,6	47,1	23,5

8. Frage | Präferenzen bei Werbung (Frauen)

Eigenschaft	witzig	freundlich	sommerlich	mit Kindern	Familien
Anzahl d. Probanden	0	0	17	3	2
Prozent %	0	0	50,0	8,8	5,8

Eigenschaft	fotorealistisch	illustriert	sexy	keine Angaben
Anzahl d. Probanden	4	6	14	9
Prozent %	11,8	17,6	41,2	26,5

9. Frage | Negativ wahrgenommene Werbung
*Aral, Fielmann, Conrad, Obi, Hornbach, Fertiggerichte, Handyklingeltöne

Antwort	ja*	nein
Anzahl der Probanden	13	55
Prozent %	19,1	80,9

10. Frage | Mediennutzung im Bezug auf die Sprache

Medienart	Spanische Medien	Deutsche Medien	beides	keines von beiden
Anzahl d. Probanden	20	9	37	2
Prozent %	29,4	13,2	54,4	2,9

11. Frage | Mediennutzung im Bezug auf die Beschaffung von Informationen
*weitere Informationsquellen: Freunde, Familie

Medium	Radio	TV	Zeitung	Internet	andere*
Anzahl d. Probanden	25	30	44	14	5
Prozent %	36,8	44,1	64,7	20,6	7,4

12. Frage | Interesse an Themen aus/über Deutschland

Themen	Kultur	Geschichte	Politik	Literatur	Musik	Filme
Anzahl d. Probanden	33	19	24	19	34	30
Prozent %	48,5	27,9	35,3	27,9	50,0	44,1

Themen	Urlaub/Reisen	Mode	Rezepte/ Kochen	keine Angaben
Anzahl d. Probanden	24	23	15	20
Prozent %	35,3	33,8	22,1	29,4

12. Frage | Interesse an Themen aus/über Spanien

Themen	Kultur	Geschichte	Politik	Literatur	Musik	Filme
Anzahl d. Probanden	40	30	32	26	45	34
Prozent %	58,8	44,1	47,1	38,2	66,2	50,0

Themen	Urlaub/Reisen	Mode	Rezepte/ Kochen	keine Angaben
Anzahl d. Probanden	36	31	32	13
Prozent %	52,9	45,6	47,1	19,1

12. Frage | Interesse an zielgruppenspezifischen Themen
* Bilinguale Kindergärten, Freizeitaktivitäten (Sport)

Themen	Spanische Vereine	Deutsch-sprachkurse	Sprachtandem	andere*	keine Angaben
Anzahl d. Probanden	30	26	20	2	16
Prozent %	44,1	38,2	29,4	2,9	23,5

13. Frage | Internetnutzung

Themen	täglich	mehrmals die Woche	mehrmals im Monat	kaum	nie
Anzahl d. Probanden	66	2	0	0	0
Prozent %	97,1	2,9	0	0	0

14. Frage | Interesse an Internetangeboten

Themen	Informationen	Online-Shops	Communities	Online-Spiele
Anzahl d. Probanden	0	11	10	1
Prozent %	0	16,2	14,7	1,5

Themen	Gewinnspiele	Newsletter	Chat Rooms	Single Börsen	keine Angaben
Anzahl d. Probanden	0	0	0	0	47
Prozent %	0	0	0	0	69,1

15. Frage | Mitgliedschaft in Online-Communities
* hi5, linkedin, Spaniards, e-catalunya, lokalisten, meinevz, schuelervz, mobileme, stayfriends, wer-kennt-wen, skype, icq, trivago.com, unicutt

Themen	facebook	xing	studivz	myspace
Anzahl d. Probanden	36	10	43	17
Prozent %	52,9	14,7	63,2	25

Themen	deutsch-hispanisch.de	tuenti	andere*	keine Angaben
Anzahl d. Probanden	4	9	16	6
Prozent %	5,8	13,2	23,5	8,8

16. Frage | Akzeptanz von kostenpflichtigen Premium-Mitgliedschaften

Bewertung	stimmt nicht	stimmt eher nicht	neutral	stimmt eher	stimmt
Anzahl d. Probanden	50	7	9	1	1
Prozent %	73,5	10,3	13,2	1,5	1,5

17. Frage | Akzeptanz von Registrierungspflicht bei Mitgliedschaften

Bewertung	stimmt nicht	stimmt eher nicht	neutral	stimmt eher	stimmt
Anzahl d. Probanden	24	6	15	6	17
Prozent %	35,3	8,8	22,1	8,8	25,0

18. Frage | Abneigung gegenüber unübersichtlichen Internetseiten

Bewertung	stimmt nicht	stimmt eher nicht	neutral	stimmt eher	stimmt
Anzahl d. Probanden	0	7	9	11	41
Prozent %	0	10,3	13,2	16,2	60,3

19. Frage | Transparenz der Intentionen des Website-Betreibers

Bewertung	stimmt nicht	stimmt eher nicht	neutral	stimmt eher	stimmt
Anzahl d. Probanden	5	5	11	20	27
Prozent %	7,4	7,4	16,2	29,4	39,7

20. Frage | Feedbackmöglickeiten an den Webmaster

Bewertung	stimmt nicht	stimmt eher nicht	neutral	stimmt eher	stimmt
Anzahl d. Probanden	14	19	16	8	11
Prozent %	20,6	27,9	23,5	11,8	16,2

21. Frage | Vertrauen in offizielle Unternehmen/Organisationen

Bewertung	stimmt nicht	stimmt eher nicht	neutral	stimmt eher	stimmt
Anzahl d. Probanden	11	12	16	9	20
Prozent %	16,2	17,6	23,5	13,2	29,4

22. Frage | Befürwortung eines karriereorientieren Frauenbildes (insgesamt)

Bewertung	stimmt nicht	stimmt eher nicht	neutral	stimmt eher	stimmt
Anzahl d. Probanden	3	1	8	12	44
Prozent %	4,4	1,5	11,8	17,6	64,7

22. Frage | Befürwortung eines karriereorientieren Frauenbildes (Männer)

Bewertung	stimmt nicht	stimmt eher nicht	neutral	stimmt eher	stimmt
Anzahl d. Probanden	2	1	5	6	20
Prozent %	5,9	2,9	14,7	17,6	58,8

22. Frage | Befürwortung eines karriereorientieren Frauenbildes (Frauen)

Bewertung	stimmt nicht	stimmt eher nicht	neutral	stimmt eher	stimmt
Anzahl d. Probanden	1	0	3	6	24
Prozent %	2,9	0	8,8	17,6	70,6

23. Frage | Stellenwert der Familie

Bewertung	stimmt nicht	stimmt eher nicht	neutral	stimmt eher	stimmt
Anzahl d. Probanden	21	13	22	10	2
Prozent %	30,9	19,1	32,4	14,7	2,9

24. Frage | Stellenwert des Ehemannes

Bewertung	stimmt nicht	stimmt eher nicht	neutral	stimmt eher	stimmt
Anzahl d. Probanden	47	6	9	3	3
Prozent %	69,1	8,8	13,2	4,4	4,4

25. Frage | Stellenwert der Religion

Bewertung	stimmt nicht	stimmt eher nicht	neutral	stimmt eher	stimmt
Anzahl d. Probanden	28	10	19	6	5
Prozent %	41,1	14,7	27,9	8,8	7,4

26. Frage | Stellenwert der Eltern

Bewertung	stimmt nicht	stimmt eher nicht	neutral	stimmt eher	stimmt
Anzahl d. Probanden	1	7	15	20	25
Prozent %	1,5	10,3	22,1	29,4	36,8

27. Frage | Stellenwert der spanischen Identität

Bewertung	deutsch	eher deutsch	neutral	eher spanisch	spanisch
Anzahl d. Probanden	0	2	16	14	36
Prozent %	0	2,9	23,5	20,6	52,9

28. Frage | Typisch deutsche Eigenschaften

Eigenschaften	Pünktlichkeit	Disziplin	Erfolg	Organisationstalent	Fleiß	Genauigkeit	keine Angaben
Anzahl d. Probanden	60	60	19	43	38	53	0
Prozent %	88,2	88,2	27,9	63,2	55,9	77,9	0

29. Frage | Einschätzung eigene Eigenschaften

Eigenschaften	Pünktlichkeit	Disziplin	Erfolg	Organisationstalent	Fleiß	Genauigkeit	keine Angaben
Anzahl d. Probanden	39	38	23	41	50	29	1
Prozent %	57,4	55,9	33,8	60,3	73,5	42,6	1,5

30. Frage | Pünktlichkeit

Bewertung	stimmt nicht	stimmt eher nicht	neutral	stimmt eher	stimmt
Anzahl d. Probanden	4	5	6	12	41
Prozent %	5,9	7,4	8,8	17,6	60,3

31. Frage | Sicherheitsbedürfnis

Bewertung	stimmt nicht	stimmt eher nicht	neutral	stimmt eher	stimmt
Anzahl d. Probanden	2	7	7	10	42
Prozent %	2,9	10,3	10,3	14,7	61,8

32. Frage | Gefühlte Integration

Bewertung	stimmt nicht	stimmt eher nicht	neutral	stimmt eher	stimmt
Anzahl d. Probanden	19	12	10	11	16
Prozent %	27,9	17,6	14,7	16,2	23,5

33. Frage | Telefonate nach Spanien

Bewertung	stimmt nicht	stimmt eher nicht	neutral	stimmt eher	stimmt
Anzahl d. Probanden	3	4	7	17	37
Prozent %	4,4	5,9	10,3	25,0	54,4

34. Frage | Rückkehrwunsch nach Spanien

Bewertung	stimmt nicht	stimmt eher nicht	neutral	stimmt eher	stimmt
Anzahl d. Probanden	13	0	24	8	23
Prozent %	19,1	0	35,3	11,8	33,8

35. Frage | Aktivität in Vereinen
* Tanzverein, espanoles por el mundo

Verein	Sportverein	Kulturverein	Politische Gruppen	Religiöse Organisationen
Anzahl d. Probanden	31	5	1	1
Prozent %	45,6	7,4	1,5	1,5

Verein	Berufsverband	Frauengruppen	andere*	keine Angaben
Anzahl d. Probanden	8	2	2	27
Prozent %	11,8	2,9	2,9	39,7

36. Frage | Symbole und Begriffe in Verbindung mit Spanien
* Gitrarre, Freundschaft, Freundlichkeit, Meer, Natur, Kultur, lustige Leute, gute Spanische Küche, Flexibilität, einigartige Familie, Offenheit im Bezug auf Gefühle, Gastfreundlichkeit, Humor, Serrano Schinken, Chorizo, Las Cubatas,, Europameister im Fußball, Teilen von Sachen, Selbstkritik

Symbol/ Begriff	Stiere	Sommer	Königsfamilie	Tapas	Sangria	Flamenco
Anzahl d. Probanden	27	55	23	53	30	40
Prozent %	39,7	80,9	33,8	77,9	44,1	58,8

Symbol/ Begriff	Kastagnetten	Feste	Kirche	andere*	keine Angaben
Anzahl d. Probanden	14	51	13	18	3
Prozent %	20,6	75,0	19,1	26,5	4,4

www.ingramcontent.com/pod-product-compliance
Lightning Source LLC
Chambersburg PA
CBHW021837020426
42334CB00014B/672